依據國教院最新「國民小學科技教育及資訊教育課程發展參考說明」

課別	課程名稱	統整課程	學習重點 - 學習表現
一	用 Word 來做文書處理	英語文 國語文	科議 S-II-1 科技對個人及社會的影響。 資議 a-II-1 感受資訊科技於日常生活之重要性。 英 4-II-1 能書寫26個印刷體大小寫字母。 國 4-II-4 能分辨形近、音近字詞，並正確使用。
二	祝你 生日快樂 - 卡片DIY	國語文 藝術	資議 t-II-2 體會資訊科技解決問題的過程。 資議 a-II-4 體會學習資訊科技的樂趣。 國 6-II-4 書寫記敘、應用、說明事物的作品。 藝 1-II-6 能使用視覺元素與想像力，豐富創作主題。
三	校外教學 傳藝之旅 - 我的作文	國語文 藝術	資議 t-II-2 體會資訊科技解決問題的過程。 資議 p-II-2 描述數位資源的整理方法。 國 5-II-4 掌握句子和段落的意義與主要概念。 國 5-II-11 閱讀多元文本，以認識議題。 藝 1-II-6 能使用視覺元素與想像力，豐富創作主題。 藝 2-II-6 能認識國內不同型態的表演藝術。
四	原住民族 點點名 - 表格	數學 社會	資議 p-II-2 描述數位資源的整理方法。 資議 t-II-3 認識以運算思維解決問題的過程。 數 d-II-1 報讀與製作一維表格、二維表格與長條圖，報讀折線圖，並據以做簡單推論。 社 2a-II-1 表達對居住地方社會事物與環境的關懷。
五	小水滴之旅 - 學習單	數學 自然科學	資議 p-II-2 描述數位資源的整理方法。 資議 t-II-3 認識以運算思維解決問題的過程。 數 d-II-1 報讀與製作一維表格、二維表格與長條圖，報讀折線圖，並據以做簡單推論。 自 pa-II-1 能運用簡單分類、製作圖表等方法，整理已有的資訊或數據。
六	地震防災 你我他 - 封面設計	自然科學 藝術	資議 p-II-2 描述數位資源的整理方法。 資議 t-II-3 認識以運算思維解決問題的過程。 資議 a-II-3 領會資訊倫理的重要性。 自 pc-II-2 能利用簡單形式的口語、文字或圖畫等，表達探究之過程、發現。 藝 1-II-6 能使用視覺元素與想像力，豐富創作主題。
七	地震防災 你我他 - 內頁設計	國語文 自然科學	資議 p-II-2 描述數位資源的整理方法。 資議 p-II-3 舉例說明以資訊科技分享資源的方法。 國 5-II-11 閱讀多元文本，以認識議題。 自 pc-II-2 能利用簡單形式的口語、文字或圖畫等，表達探究之過程、發現。
八	雲端硬碟與 Google文件	綜合活動	資議 t-II-2 繪體會資訊科技解決問題的過程。 資議 p-II-2 描述數位資源的整理方法。 資議 p-II-3 舉例說明以資訊科技分享資源的方法。 綜 2c-II-1 蒐集與整理各類資源，處理個人日常生活問題。

本書學習資源

行動學習電子書

影音、動畫‧高品質教學

運用不同圖形組合可以製作出各式各樣的圖表效果，

完全教學網站

Word 2
文書超簡單

| 第1課 | 第2課 | 第3課 |

第1課

本課電子書　點我翻書　本課成果　點我預覽

↓ 本課範例素材

單元	頁次	教學與學
1-1	P8	我的文書處理
1-2	P10	常見的文書處
1-3	P12	認識 Word 操
1-4	P14	文書處理初體
文書處理加油站	P15	關於顯示比例
文書處理加油站	P17	輸入標點符號
1-5	P19	小試身手 - 編
我是高手	P26	文字轉換成圖
課程學習遊戲	P27	校園打字 GAM
	P28	練功囉

模擬介面‧互動學習

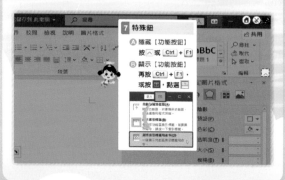

網站集成‧補充教材

Google 硬碟

Google 文件

根據十二年國教新課綱編寫，統整式課程設計。

校園國小

全書範例

| 課 | 第6課 | 第7課 | 第8課 |

做文書處理

道文書處理可以做什麼
習輸入文字與標點符號
會設定文字格式
會插入圖片美化版面

▶ 全課播放

課程資源	播放檔	時間
	▶	00:50
	▶	00:50
識 Word 2021 介面	▶	02:13
識注音輸入	▶	01:43
	▶	01:08
組合鍵	▶	01:02
點符號輸入大考驗		
	▶	04:14
	▶	01:07
打字 GAME	-	-
學生資源網		
驗遊戲	-	-
階練習圖庫下載 - 可愛圖片		

課程遊戲·高學習動機

測驗遊戲·總結性評量

範例練習用圖庫·延伸學習、個別差異

可愛圖片

卡片用圖

形狀圖片

直式背景圖

目 錄

統整課程

4 原住民族點點名 - 表格 - 表格應用與文字藝術師

數 學　社 會

5 小水滴之旅 - 學習單 - SmartArt 與圖案應用

數 學　自然科學

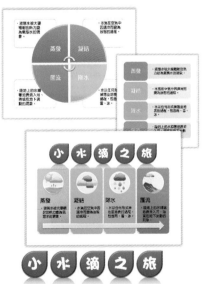

一起來學文書！

1 用 Word 來做文書處理

- 認識文書處理與 Word

下江陵

作者：李白

編輯：Amy

朝辭白帝彩雲間，
千里江陵一日還。
兩岸猿聲啼不住，
輕舟已過萬重山。

統整課程

英語　國語

◎ 能認識常用的資訊科技
　工具與使用方法

◎ 數位資料的表示方法

◎ 了解並欣賞科技在藝術創
　作上的應用

◎ 知道文書處理可以做什麼

◎ 練習輸入文字與標點符號

◎ 學會設定文字格式

◎ 學會插入圖片美化版面

我的文書處理 Word

【Word】文書處理軟體可以取代紙筆，將文字、圖片加以編排，變成一份圖文並茂的文件，讓你成為文書小達人喔！

戶外郊遊趣

趁著週末好天氣，爸爸媽媽帶我和妹妹到戶外去郊遊，我們來到一個滿滿是樹林的地方。

突然發現路邊的樹葉上停了一隻美麗的蝴蝶，我放慢腳步悄悄接近觀察，爸爸說牠是「樺斑蝶」，還告訴我牠的特徵與成長過程。

繼續往前走，聽到叩‧叩‧叩的聲音，問媽媽這是什麼聲音，媽媽說是「五色鳥」在叫，但牠躲在樹林裡不容易發現，這時，媽媽拿起望遠鏡找尋了一下，發現到牠的身影後，就拿給我看，牠身上好多顏色，有綠色、黃色、紅色、藍色和黑色，真是漂亮。

一路上還看到球春堂、小野菊……等許多美麗的花朵。終於到達山頂上，我們一邊吃著飯，一邊快樂的聊天。戶外郊遊，可以接近大自然，又能了解自然生態，真是好玩又有趣。

圖片來源：小石頭圖庫

Office

輕鬆編排
圖文並茂的文件

哇！
好賞心悅目！

是怎麼
做出來的呀？

用 Word 可以做什麼

寫報告、做專題

生活分享

做功課表、學習單、卡片

雲端運用
(共用、存取、編輯)

在學校可以做公告、考卷、獎狀...等！

2 常見的文書處理軟體

常見的文書處理軟體有【Word】、【Writer】與【Google 文件】。

Word

【Word】是微軟公司 Office 系列中的文書處理軟體，本書中使用的版本是【Office 2021】。

目前 Word 的使用者較多！

Writer

LibreOffice 系列的文書處理軟體叫【Writer】。它是免費的自由軟體，功能與 Word 類似。

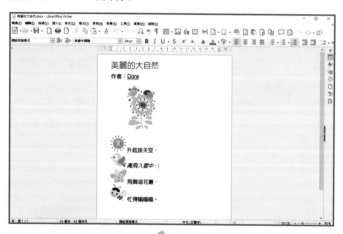

Google 文件

是【Google】提供的線上文書處理服務。免安裝軟體，只要以 Google 帳號登入，就可以在任何能上網的電腦上使用。

第 8 課就能學到 Google 雲端分享，以及線上文書處理喔！

老師說

文書處理工具的演變：

書寫　　　　　　　　打字機　　　　　　　電腦文書處理

在平板電腦上，也有很多可以做文書處理的軟體 (App) 喔！最常見的就是內建的【備忘錄】。

它不僅可以打字，還可以拍照、掃描文件 / 文字、插入圖片 (照片) / 影片...等，功能也很強大喔！

③ 認識 Word 操作介面

按 ，在【所有應用程式】中，點選 Ｗ Word，啟動軟體。

1 快速存取工具列

可將常用按鈕放置於此，快速選用

2 檔案鈕

常用、新增、開啟、儲存檔案...等

3 功能標籤

常用、插入、設計...等標籤

4 功能按鈕

對應標籤，顯示功能按鈕

5 編輯區

編輯文件的地方

6 狀態列

顯示文件的頁數、字數等資訊

我是文書小達人！

搜尋　　　　　　　　登入　**7**

B 共用

AaBbCcDdEe　AaBbCcDdEe　AaBbC　尋找　**A**
↵ 內文　　↵ 無間距　　標題 1　ab取代　**7**
　　　　　　　　　　　　　選取
　　　　　　　樣式　　　　　　編輯

7 特殊鈕

A 隱藏【功能按鈕】
　按 ∧ 或 Ctrl + F1

B 顯示【功能按鈕】
　再按 Ctrl + F1 ，
　或按 国，點選 ▦

登入

　↑　自動隱藏功能區(A)
　　隱藏功能區。若要顯示功能區，
　　請點選應用程式頂端。

　　顯示索引標籤(B)
　　僅顯示功能區索引標籤。若要顯
　　示命令，請按一下索引標籤。

　▦　顯示索引標籤和命令(O)
　　一律顯示功能區索引標籤和命
　　令。

設定圖片格式　　　　　×

🎨 ⬠ ⬚ 🖼 **8**

▲ 陰影
　預設(P)　　　　　▢ ▾
　色彩(C)　　　　　🎨 ▾
　透明度(T) ┃
　大小(S)　 ┃
　模糊(B)　 ┃
　角度(A)　 ┃
　距離(D)　 ┃

▲ 反射
　預設(P)　　　　　▢ ▾
　透明度(T) ┃
　大小(S)　 ┃
　模糊(B)　 ┃
　距離(D)　 ┃

8 工作窗格

例如在圖片上按右鍵，
點選【設定圖片格式】
，即可開啟該工作窗格

9 檢視鈕

切換各種文件檢視模式
▤ 閱讀模式
▥ 整頁模式
▦ Web 版面配置
焦點 焦點模式

[]焦點 ▤ ▥ ▦　　　──┃──── + 90%

9　　　　　　**10**

按【檔案 / 選項 / 一般】，然後到【個人化您的
Microsoft Office】項目下，可以在【Office 佈景
主題】中，選擇黑色模式，減少長期使用下造成
的眼睛疲勞喔！

10 顯示比例

按 + 與 − ，調整顯示
比例

4 文書處理初體驗

讓我們新增空白文件、放大一下顯示比例 (輸入文字時看起來較大較清楚)，練習輸入文字與標點符號，熱身一下吧！

🎯 新增空白文件與調整顯示比例

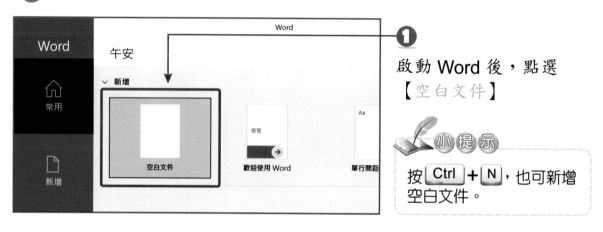

1 啟動 Word 後，點選【空白文件】

✒️ **小 提 示**

按 Ctrl + N ，也可新增空白文件。

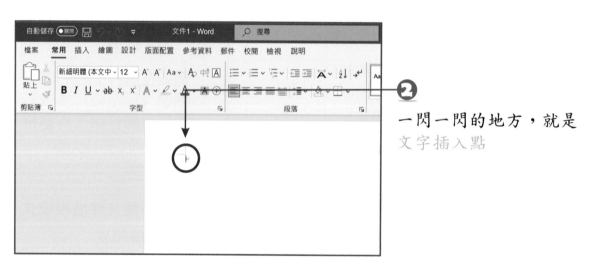

2 一閃一閃的地方，就是文字插入點

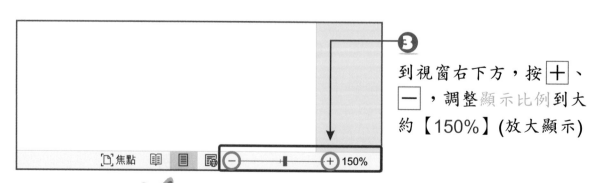

3 到視窗右下方，按 ➕、➖ ，調整顯示比例到大約【150%】(放大顯示)

文書處理加油站 關於顯示比例

顯示比例

按 檢視 標籤，還有以下幾種顯示比例可選擇：

100%

文件原尺寸顯示。

單頁

完整顯示單一頁面。

多頁

一次顯示多個頁面。

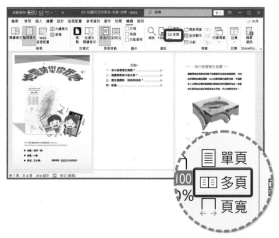

頁寬

讓頁面寬度符合視窗大小。

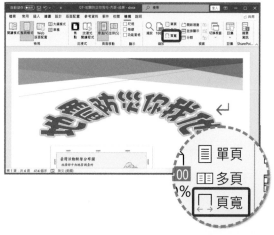

◎ 輸入中文

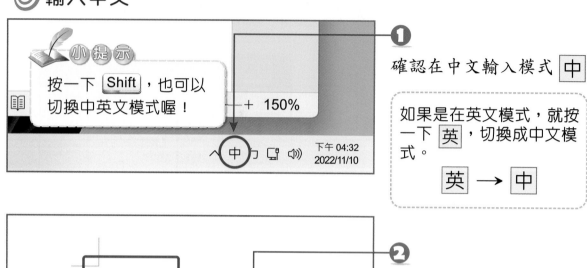

❶

確認在中文輸入模式 中

如果是在英文模式，就按一下 英，切換成中文模式。

英 → 中

❷

輸入【下江陵】後，按一下 Enter 換行，接著輸入【編輯】

如果電腦裡的中文輸入法不只一種，在中文模式下，可能要按一下輸入法按鈕，點選微軟注音喔！

◎ 輸入標點符號

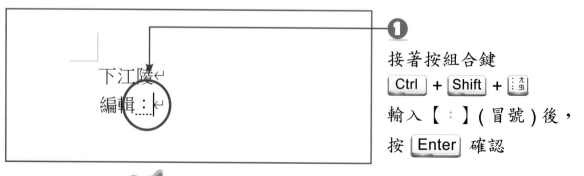

❶

接著按組合鍵

Ctrl + Shift + ㄤㄥ

輸入【：】(冒號) 後，按 Enter 確認

📀 輸入英文

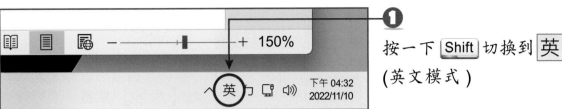

❶ 按一下 Shift 切換到 英
(英文模式)

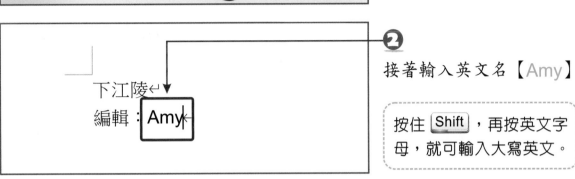

下江陵↵
編輯：Amy

❷ 接著輸入英文名【Amy】

> 按住 Shift ，再按英文字
> 母，就可輸入大寫英文。

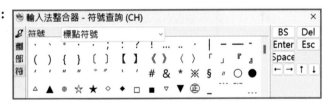

文 書 處 理 加 油 站 輸入標點符號的方法

輸入標點符號的方法有兩種：

Ⓐ 在 中 上面按右鍵，點選【輸入法手寫板】，開啟【輸入法整合器】，即可點選輸入想要的符號。

(或直接按快速鍵開啟：
Ctrl + Alt + ㄜ力)

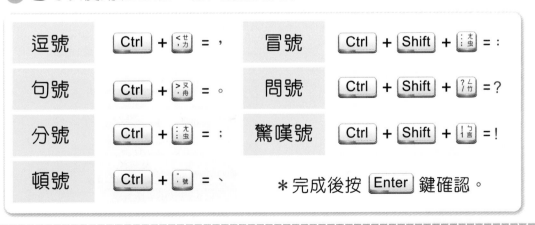

Ⓑ 也可以使用組合鍵，輸入標點符號。

逗號	Ctrl + ㄜ力 = ，	冒號	Ctrl + Shift + ㄤ虫 = ：
句號	Ctrl + ㄡ舟 = 。	問號	Ctrl + Shift + ㄥ竹 = ？
分號	Ctrl + ㄤ虫 = ；	驚嘆號	Ctrl + Shift + ㄅ言 = ！
頓號	Ctrl + 號 = 、		＊完成後按 Enter 鍵確認。

🎯 關閉檔案

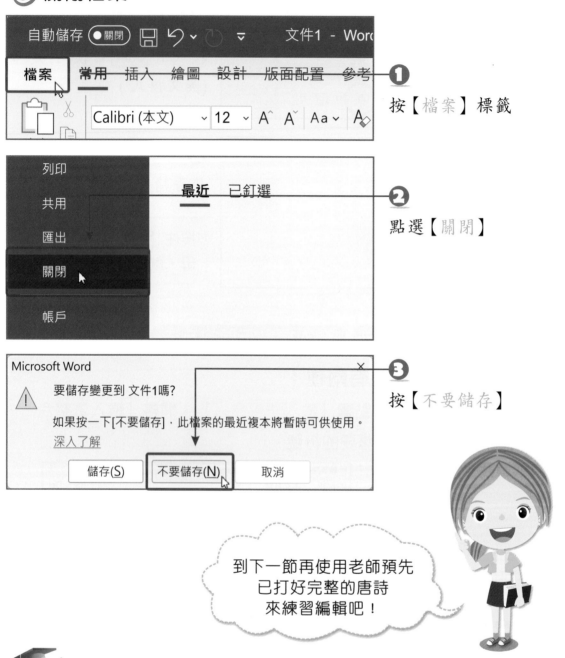

① 按【檔案】標籤

② 點選【關閉】

③ 按【不要儲存】

到下一節再使用老師預先
已打好完整的唐詩
來練習編輯吧！

 老師說

本課也有提供【校園打字 GAME】
遊戲，讓大家做打字練習喔！

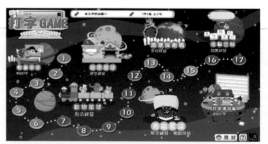

5 小試身手 - 編輯唐詩

經過基礎的打字做熱身後,準備開啟練習小檔案,來小試身手、
編輯成一篇漂亮的文書吧!

下江陵
作者:李白
編輯:Amy

朝辭白帝彩雲間,
千里江陵一日還。
兩岸猿聲啼不住,
輕舟已過萬重山。

下江陵
作者:李白
編輯:*Amy*

朝辭白帝彩雲間,
千里江陵一日還。
兩岸猿聲啼不住,
輕舟已過萬重山。

白話譯文:

早上離開彩雲繚繞的白帝城,
一千多里到江陵的路程一天內就已到達。
江河兩岸的猿猴不斷啼叫,
輕快的船已經越過了重重山巒。

◎ 開啟練習小檔案

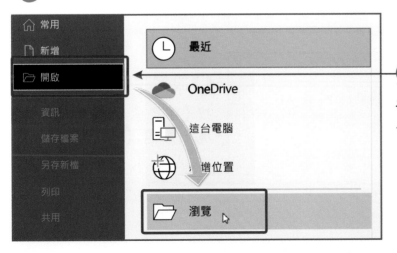

按【檔案】→【開啟】,
再按一下【瀏覽】

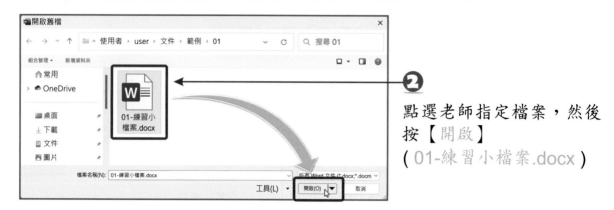

點選老師指定檔案，然後
按【開啟】
(01-練習小檔案.docx)

設定文字格式

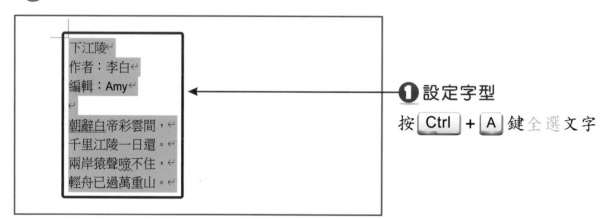

❶設定字型

按 Ctrl + A 鍵全選文字

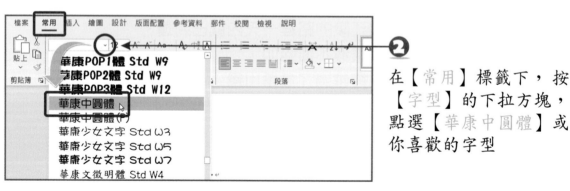

❷在【常用】標籤下，按
【字型】的下拉方塊，
點選【華康中圓體】或
你喜歡的字型

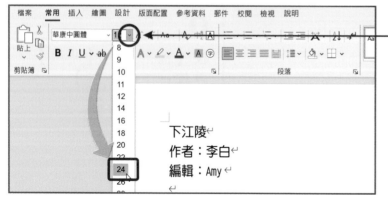

❸設定字型大小

按【字型大小】的下拉方
塊，點選【24】

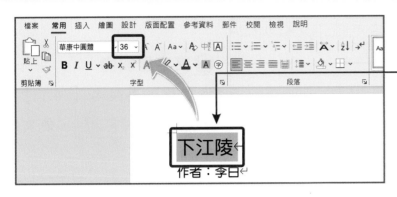

④ 放大標題

按住滑鼠左鍵，拖曳選取標題【下江陵】，然後設定大小為【36】

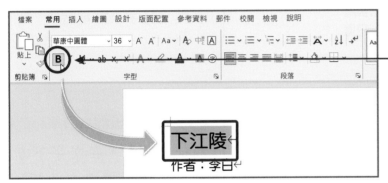

⑤ 加粗標題文字

按 B ，加粗標題文字

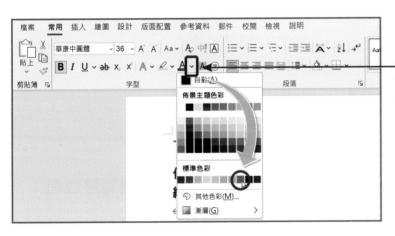

⑥ 設定文字顏色

按 A∨ 的 ∨ 下拉方塊，點選 ▇ 或你喜歡的顏色

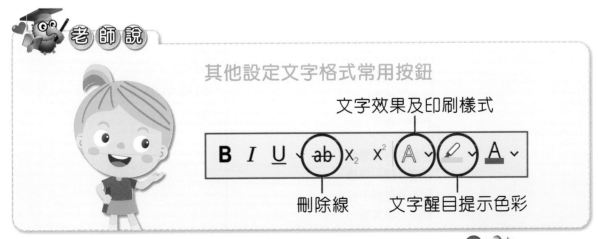

其他設定文字格式常用按鈕

文字效果及印刷樣式

刪除線　　文字醒目提示色彩

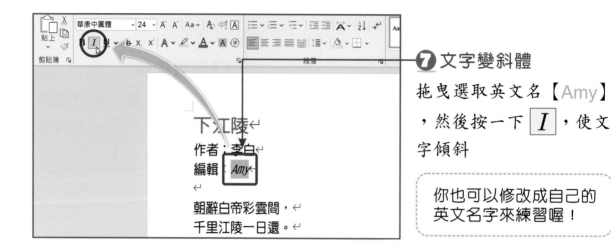

7 文字變斜體

拖曳選取英文名【Amy】，然後按一下 I ，使文字傾斜

你也可以修改成自己的英文名字來練習喔！

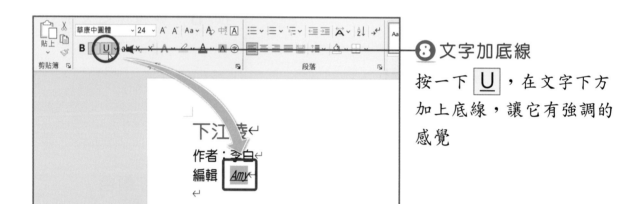

8 文字加底線

按一下 U ，在文字下方加上底線，讓它有強調的感覺

插入圖片與縮放

插入搭配詩意的圖片，可以讓整首詩更加圖文並茂、更有意境喔！

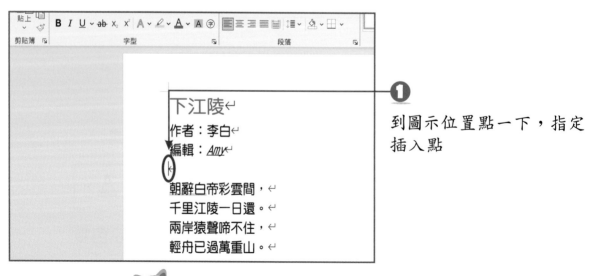

1

到圖示位置點一下，指定插入點

❷ 按【插入】標籤，再按一下 🖼️ 圖片

接著點選【此裝置】

❸ 點選老師指定的圖片，然後按【插入】
(01-下江陵-插圖.png)

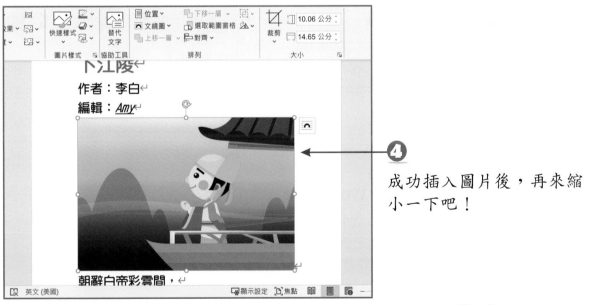

❹ 成功插入圖片後，再來縮小一下吧！

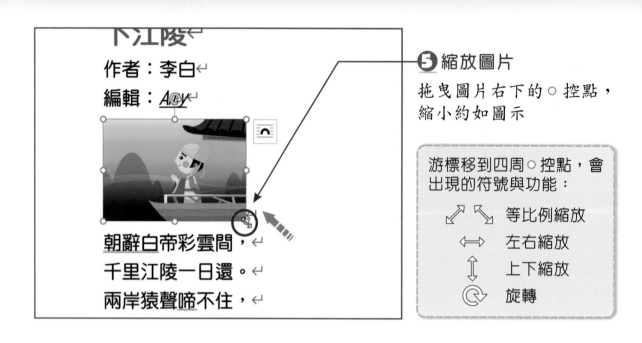

5 縮放圖片

拖曳圖片右下的 ○ 控點，縮小約如圖示

游標移到四周 ○ 控點，會出現的符號與功能：

符號	功能
⤢ ⤡	等比例縮放
⟷	左右縮放
↕	上下縮放
↻	旋轉

儲存檔案（另存新檔）

1 按【檔案】→【另存新檔】，然後再按【瀏覽】

開啟舊檔來做編輯，最後記得要用另存新檔來儲存成果，以免覆蓋掉原來的檔案喔！

老師說

除了將成果儲存到電腦，Word 也有【自動儲存】功能，可以將檔案自動儲存到 OneDrive 雲端硬碟。但這需要有 Microsoft 帳號才能使用喔！

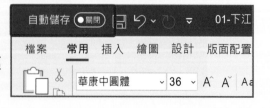

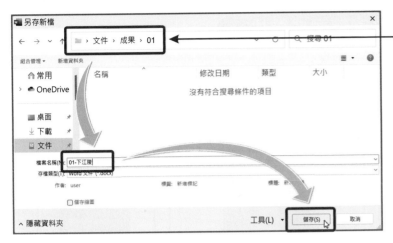

❷ 開啟老師指定儲存資料夾，命名為【01-下江陵】，然後按【儲存】

小提示

存檔類型預設是【docx】。

下江陵

作者：李白
編輯：*Amy*

朝辭白帝彩雲間，
千里江陵一日還。
兩岸猿聲啼不住，
輕舟已過萬重山。

同學們，完成後，讓我們到【我是高手】單元，挑戰如何把文字替換成圖片吧！

 老師說

常見的文件檔案格式

W	.docx	新版 Word 2021/2019/2016/2013 預設格式
W	.doc	舊版 Word 97-2003 預設格式
	.txt	純文字檔
	.odt	LibreOffice Writer 文件檔

唐詩如何變得更有趣？一起試試看把文字轉換成圖片吧！
在【進階練習圖庫】裡有許多【可愛圖片】提供你練習使用喔！

作者：李白
編輯：*Amy*

朝辭白帝　　間，
千里江陵一日還。
兩岸猿聲啼不住，
輕舟已過萬重山。

下江陵
作者：李白
編輯：*Amy*

朝辭白帝　　間，
千里　　一日還。
兩岸　　啼不住，
輕舟已過

1 拖曳選取要變成圖片的文字，按【插入 / 圖片 / 此裝置】

2 點選、插入想要的圖片，再調整一下大小

3 陸續完成後，唐詩就變得更有趣囉！

我的腳踏車
作者：Leo

腳踏車呀快快飛，
遇到塞車變　　，
後面　　一直追，
越騎越快像在

美麗的大自然
作者：Dora

升起掛天空，
高飛入雲中，
飛舞逛花叢，
忙得嗡嗡嗡。

神奇的筆
作者：May

有一支神奇的筆，
用黃色畫變　　，
用紅色畫變　　，
用七彩畫變彩虹。

老師還準備了
童詩文字檔
給大家練習喔！

創意文字編排

運用巧思，發揮創意，還可將文字編排成各種創意造型喔 (如右圖)！該怎麼做呢？有學習影片可以參考喔！

天
空
滴答滴答下著雨，
涼涼的空氣，冷冷的氣溫 ，
喝杯溫熱的巧克力，讓我熱力無窮，
不費一點兒力氣，撐著大花傘走在雨中，
這
氣
候
，
好
想
念
太陽公公。

課程學習遊戲-校園打字GAME

我們來用【校園打字 GAME】，訓練一下中文指法與中文輸入吧！

動物星球

☑ 語音提示　　☑ 指法練習

地球保衛戰

☑ 注音符號　　☑ 隨機出題

追擊空賊

☑ 中文詞語　　☑ 四字成語

糖果星球

☑ 語音提示　　☑ 注音拼音

海盜星球

☑ 中文單字　　☑ 隨機出題

打字總測驗

☑ 整篇文章　　☑ 總測驗

校園打字GAME，也可以從【校園學生資源網】的【遊戲】中找到喔！

校園學生資源網 http://good.eduweb.com.tw

 練功囉

( )① 下列哪個不是文書處理軟體？

　　　1. Word　　　　　2. Writer　　　　3. 小畫家

( )② 在哪個標籤下，可以更改字型、字級？

　　　1. 常用　　　　　2. 設計　　　　3. 插入

( )③ 哪一個按鍵可以切換中英文模式？

　　　1. Ctrl　　　　　2. Shift　　　　3. Enter

( )④ 想設定文字色彩，要按哪個鈕？

　　　1. A ∨　　　　　2. A ∨　　　　3. Aa ∨

 進階練習圖庫　　可愛圖片

本書光碟【進階練習圖庫】有【可愛圖片】，提供給你做練習喔！

2 祝你生日快樂 - 卡片DIY

- 頁面設定與圖片應用

生日快樂

聽說有人生日到囉！

讓我祝你生日快樂！

天天都快樂喔！

From：小華

統整課程

國語　藝術　品德教育

核心概念

◎ 能使用資訊科技解決生活中簡單的問題

◎ 能認識與使用資訊科技以表達想法

◎ 能使用資訊科技與他人建立良好的互動關係

課程重點

◎ 練習設定頁面與大小

◎ 學會用尺規調整內文

◎ 學會編排版面

◎ 學會插入圖片與線上 3D 模型

用卡片傳達心意

想傳達心意與感謝，用卡片是個不錯的方式！如果能自己設計，那就更意義非凡！可是要怎麼做呢？用【Word】就可以囉！

教師節卡

感謝卡

聖誕卡

生日卡

新年賀卡

母親節卡

好麻吉的生日快到了...該怎麼表達祝福呢？對了！先做一張生日卡給他，祝他生日快樂吧！

卡片大小我決定

卡片要做多大？要做成直的還是橫的？用【Word】要怎麼設定呢？
就從 Word 的【版面配置】開始吧！

◎ 認識版面配置

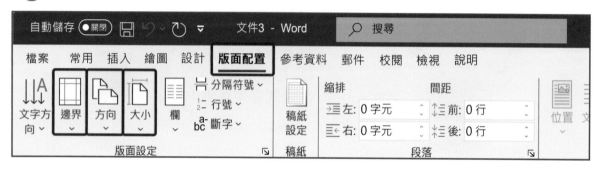

開啟【Word】後，按【版面配置】標籤，裡面有三種功能，是我們在設定
版面時常用到的：

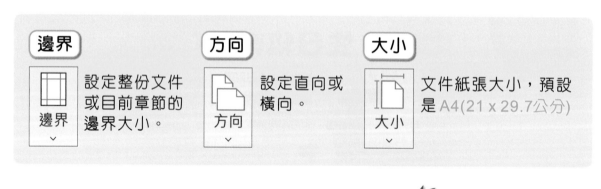

邊界：設定整份文件或目前章節的邊界大小。

方向：設定直向或橫向。

大小：文件紙張大小，預設是 A4(21 x 29.7公分)

卡片大小是可以自訂的喔！

 老師說

常見的卡片尺寸很多，可以依照你想要的大小來選擇。
這一課就讓我們練習製作一張 13 x 18 公分、橫式的卡片吧！

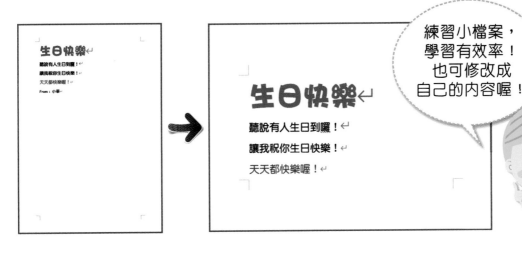

設定卡片頁面

讓我們開啓已經打好內容的練習小檔案，直接設定卡片的版面吧！

> 練習小檔案，
> 學習有效率！
> 也可修改成
> 自己的內容喔！

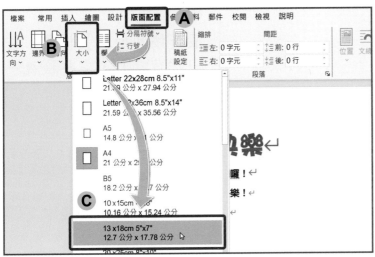

1 設定大小

開啟【02 - 練習小檔案】
後，設定：

A 按【版面配置】標籤

B 按 【大小】

C 點選【13x18cm 5"x7"】

 小提示

如果選項中找不到想要
的尺寸，可以參考 P34
自訂【大小】。

2 設定方向

A 按 【方向】

B 點選【橫向】

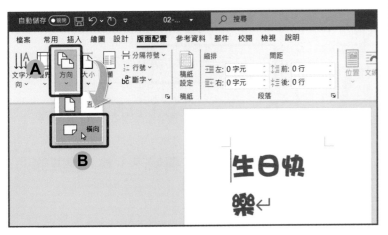

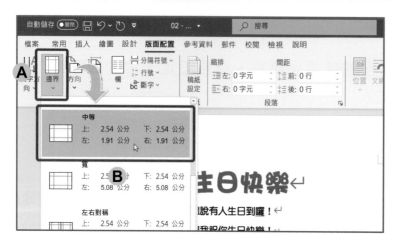

❸ 設定邊界

Ⓐ 按 【邊界】

Ⓑ 點選【中等】

❹

最後按【檢視】標籤，按 【單頁】，完整檢視一下設定的結果吧！

 老師說

自訂【大小】

如果想要的尺寸，選項裡沒看到，該怎麼辦？

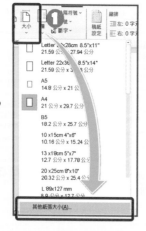

❶ 按【大小】最下方的【其他紙張大小】

❷ 到【紙張】標籤下，輸入想要的【寬度】和【高度】。

標題置中對齊

❶

將插入點置於【生】字前，然後按【常用】標籤

小 提 示

預設是 ▤【靠左對齊】。

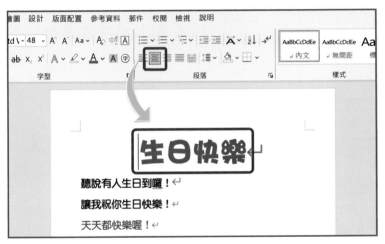

❷

按 ▤【置中】，標題立刻跑到頁面中間囉！

小 提 示

這是單行的對齊設定。

記得按 Ctrl + A (全選)，再做設定喔！

除了針對單行設定外，也可以將整份文件內容做【對齊設定】，最常用的有：

▤ 靠左對齊

▤ 置中

▤ 靠右對齊

③ 尺規運用好方便

Word 有一個好用的尺規工具，它可以輕易設定文字段落的縮排和凸排，我們來認識一下！

尺規的運用

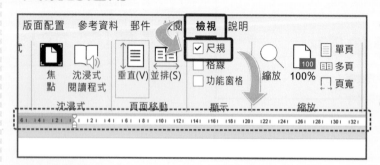

● 按【檢視】標籤，再勾選【尺規】

● 將插入點移到要調整的段落上
(或是全選所有內容)

首行縮排

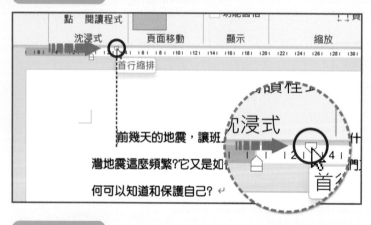

● 拖曳 ▽，可設定段落第一行左邊界

小提示

拖曳 △，則可設定段落的右邊界。

首行凸排

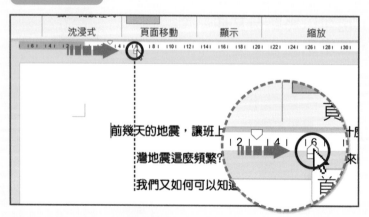

● 按住 Shift 鍵、拖曳 △，可設定段落其它行的左邊界

小提示

下一課會有【段落】的詳細介紹。

用尺規調整內文

現在，我們就利用尺規工具，來調整卡片內文的位置吧！

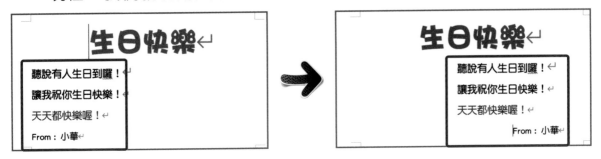

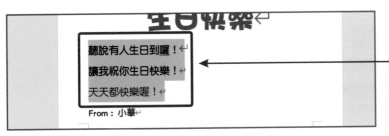

❶

按【檢視】→勾選【尺規】後，拖曳選取圖示內文

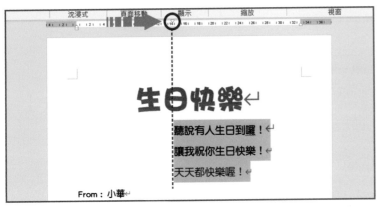

❷

按住▽向右拖曳到約圖示位置

❸

在【F】前點一下，按住▽向右拖曳到約圖示位置

完成後，在空白處點一下，取消選取，完成調整

④ 插入背景圖、插圖與3D模型

內文位置調整好了！現在要開始美化整個版面囉！讓我們先插入背景圖與插圖吧！

🎯 插入自備的背景圖

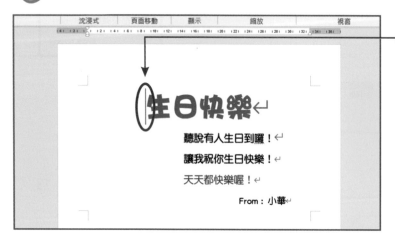

① 在【生】前面點一下

② 按【插入】標籤，按【圖片】→【此裝置】

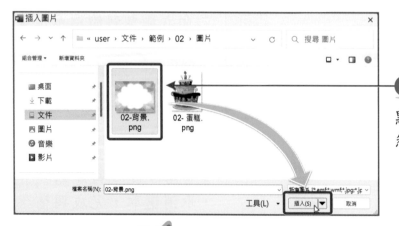

③ 點選老師指定的背景圖，然後按【插入】

設定文繞圖 - 文字在前

1

Ⓐ 圖片選取狀態下, 按右上 ⌒【文繞圖】

Ⓑ 選 ⬓【文字在前】,圖片就會跑到文字下方,不互相干擾,按 × 關閉

(第3課會詳細介紹【文繞圖】喔!)

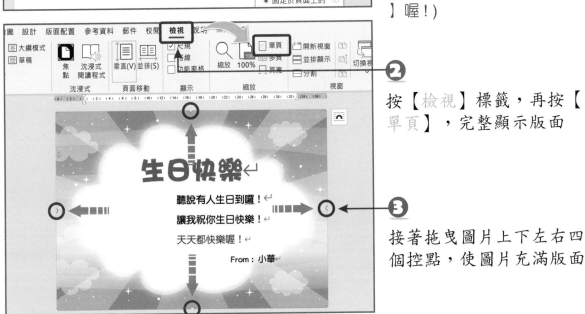

2

按【檢視】標籤,再按【單頁】,完整顯示版面

3

接著拖曳圖片上下左右四個控點,使圖片充滿版面

老師說

文繞圖還有【隨段落文字移動】和【固定於頁面上的位置】選項,它們的差異是:

- 隨段落文字移動
  圖片會跟著段落文字移動。

- 固定於頁面上的位置
  圖片不會跟著段落文字移動,固定在原地。

🎯 插入自備的去背 PNG 插圖

❶

仿照插入背景圖與設定文繞圖(文字在前)的步驟,插入蛋糕圖片

然後拖曳四個角的控點,縮放圖片、並拖曳到約如圖示位置

常見的圖片格式有【.jpg】與【.png】,它們最大的差異是:
- 【.jpg】沒有透明效果
- 【.png】可以有透明效果(例如去背影像)。

這張蛋糕插圖就是有去背的【.png】格式圖片喔!

🎯 插入線上 3D 模型

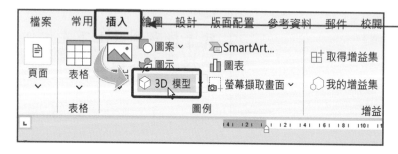

❶

按【插入】標籤,然後按【3D 模型】

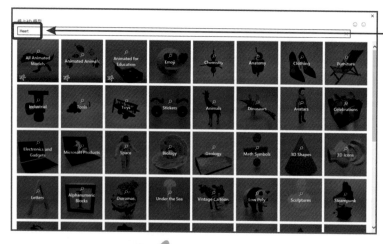

❷ 搜尋與插入

在搜尋欄輸入【Heart】(心),然後按 Enter 搜尋

 小提示

目前以英文為關鍵字來搜尋,比較容易找到想要的模型喔!

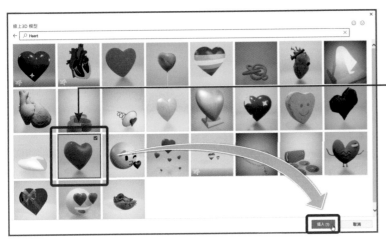

❸

點選圖示愛心模型，然後
按【插入】

❹

將 3D 愛心拖曳到可以完
整檢視全貌的位置

❺ 360 度旋轉

按住中間的 ⊕，上下左
右拖曳，就可以 360 度旋
轉、調整模型的角度

老師說

網路上的資料與資源瞬息萬變，若找不到與書上相同的 3D 模型，也
可以選擇類似或搜尋其他想要的模型插入喔！

⑥ 左右旋轉

按住 🔄 向右拖曳，旋轉
愛心約如圖示

⑦ 縮放

拖曳四個角的控點，縮小
愛心約如圖示

⑧

按住模型的框線，將它拖
曳到圖示位置吧！

小提示

按住模型 ✛，可以旋轉
角度。
按住框線，可以拖曳移
動位置。

 老師說

拖曳 3D 模型調整位置時，文字若會亂跑，就稍微調整一下模型的位
置或大小，使文字恢復到原來的地方。

9 複製與貼上

先按 Ctrl + C (複製)，
再按 Ctrl + V (貼上)
產生第二個愛心

10

旋轉新愛心的角度、調整
大小、並拖曳安排到約圖
示位置

11

最後再使用插入線上 3D
模型的技巧，加入一個星
星與煙火吧！

小提示

星星關鍵字 - Star
煙火關鍵字 - Fireworks

練習至此，這張生日卡就
完成了！記得另存新檔，
將成果儲存起來喔！

5 列印

將完成的卡片列印出來，就可以送給壽星囉！

① 按【檔案】

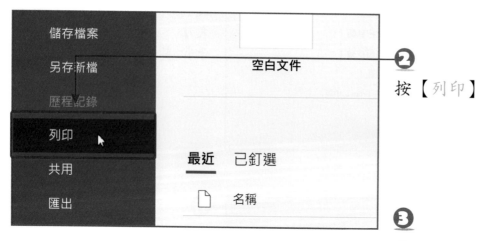

② 按【列印】

③

Ⓐ 預覽卡片的成果

Ⓑ 再按【列印】就可以囉！

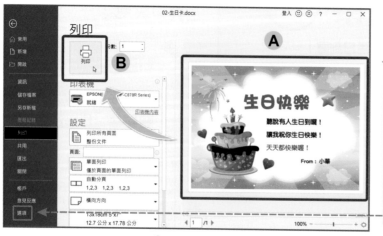

若沒有出現背景圖，就按【檔案 / 選項 / 顯示】，然後勾選：

列印選項
☑ 列印 Word 建立的繪圖(R) ⓘ
☑ 列印背景色彩及影像(B)

懂更多 插入線上圖片

除了插入自己準備的圖片，也可以插入線上的圖片喔！方法如下：

❶ 按【插入】→【圖片】→【線上圖片】

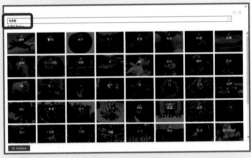

❷ 在搜尋欄輸入關鍵字，例如【背景圖】，再按 Enter 搜尋

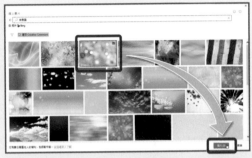

❸ 在搜尋結果上，點選想要的圖片，然後按【插入】，就會將圖片插入到文件中囉！

我是高手 快速變換圖片

在圖片上，按右鍵，點選【變更圖片 / 從檔案】，就可以點選其他圖片，快速替換掉原來的插圖與背景圖，做出不同風格的生日卡吧！

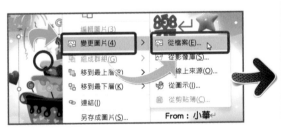

示範參考

 練功囉

（　）1 要改變邊界、大小和方向要按哪一個標籤？

　　1.常用　　　　　　2.版面配置　　　　3.插入

（　）2 想要文字置中，要按哪一個按鈕？

　　1.　　　　　　2.▤　　　　　　3.▤

（　）3 以下哪一種格式的圖片可以是去背的？

　　1.png　　　　　　2.jpg　　　　　　3.bmp

（　）4 想360度旋轉3D模型，要按住哪個符號進行？

　　1.⟳　　　　　　2.⟲　　　　　　3.以上皆可

進階練習圖庫　卡片用圖／橫式背景圖

本書光碟【進階練習圖庫】中，有許多美美的【卡片用圖】、【橫式背景圖】提供給你做練習喔！

3 校外教學傳藝之旅 - 我的作文

- 圖文編排與圖片去背

校外教學傳藝之旅

今天晴空萬里，帶著興奮心情，坐上遊覽車，在同學們一片歡笑聲中，到達目的地【國立傳藝藝術中心】。

老師先分配組別，並給了每組一張學習單，讓我們邊找線索、邊尋找答案，像在探險走迷宮。第一站「文昌祠」，聽著導覽阿姨說明，也找到答案，還做了文昌符許下願望，園~希望學業進步！再到「文昌祠」看到快失傳的捏麵人、在「魚水街」空地上玩兩人三腳踩木屐，考驗彼此默契！又陸續到「美術人宏」和「風考塾」完成所有的轉卡任務。回到集合地「臨水劇場」欣賞有趣的傳藝表演，還到「迷濛森林」玩著捉迷藏好開心！

這次的傳藝之旅讓我了解到台灣傳統文化及藝術，很有趣又難忘，心中仍意猶未盡，下次還要再來玩！

圖片來源：小石頭圖庫

統整課程

國語　藝術　閱讀素養教育

核心概念

◎ 能認識與使用資訊科技以表達想法

◎ 能將資料有系統地透過文書等格式呈現

◎ 能利用資訊科技分享學習資源與心得

課程重點

◎ 知道基本的文書編排技巧

◎ 學會複製文字格式

◎ 學會設定行距/段落間距/縮排

◎ 學會幫圖片去背

◎ 知道文繞圖的類型

圖文並茂編輯好吸睛

不管是寫遊記或報告，密密麻麻的文章看起來總是覺得吃力！
本課以校外教學的作文，編排出一份圖文並茂的【遊記】吧！

戶外郊遊趣

趁著週末好天氣，爸爸媽媽帶我和妹妹到戶外去郊遊，我們來到一個滿滿是樹林的地方。

突然發現路邊的樹葉上停了一隻美麗的蝴蝶，我放慢腳步悄悄接近觀察，爸爸說牠是「樺斑蝶」，還告訴我牠的特徵與成長過程。

繼續往前走，聽到叩、叩、叩的聲音，問媽媽這是什麼聲音，媽媽說「五色鳥」在叫，但牠躲在樹林裡不容易發現，還時，媽媽拿起望遠鏡找尋了一下，發現到牠的身影後，就拿給我看，牠身上好多顏色，有綠色、黃色、紅色、藍色和黑色，真是漂亮。

一路上還看到玫瑰花、小野菊……等許多美麗的花朵。終於到達山頂上，我們一邊吃著飯、一邊快樂的聊天。戶外郊遊，可以接近大自然，又能了解自然生態，真是好玩又有趣。

圖片來源：小石頭圖庫

動物園遊記

假日，爸媽帶我和弟弟去動物園玩，園裡遊客還真不少呢！

我們先到「兒童動物區」，看到可愛的家兔開心的蹦蹦跳跳著。還有一身雪白的妮嘉-羊駝家族，爸爸說雖然是一家人，卻各有著不同的毛色，真有意思！

來到「大貓熊館」看毛茸茸、黑眼圈的貓熊，超可愛！再搭著遊園列車，等不及去看國王企鵝！在「企鵝館」看到走路一搖一擺的小企鵝，模樣好逗趣！隨後走向「非洲動物區」和「亞洲動物區」，有胖嘟嘟的河馬、伸長脖子的長頸鹿、精神抖擻的獅子……在「台灣鄉野區」裡，媽媽說著媧來媧的傳說，原來牠是神創造萬物後，用剩下的黏土隨手一捏丟向地上而生的，好有趣喔！

圖片來源：小石頭圖庫

文章變得
好賞心悅目喔！
是怎麼做出來的呀？

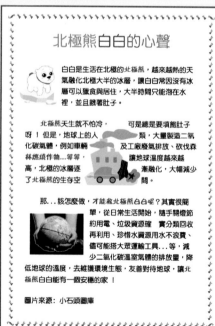

北極熊白白的心聲

白白是生活在北極的北極熊，越來越熱的天氣融化北極大半的冰層，讓白白常常沒有冰層可以獵食與居住，大半時間只能泡在水裡，並且餓著肚子。

北極熊天生就不怕冷呀！但是，地球上的人化碳氣體，例如車輛林燃燒作物…等等，高，北極的冰層逐了北極熊的生存空

可是總是要填飽肚子類，大量製造二氧及工廠廢氣排放、砍伐森讓地球溫度越來越漸融化，大幅減少間。

那…該怎麼做，才能救北極熊白白呢？其實很簡單，從日常生活開始，隨手關燈節約用電、垃圾資源確 實分類回收再利用、珍惜水資源用水不浪費、儘可能搭大眾運輸工具…等，減少二氧化碳溫室氣體的排放量，降低地球的溫度，去維護環境生態，友善對待地球，讓北極熊白白能有一個安穩的家！

圖片來源：小石頭圖庫

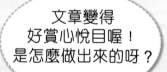

校外教學傳藝之旅

今天晴空萬里，帶著興奮心情，坐上遊覽車，在同學們一片歡笑聲中，到達目的地【國立傳統藝術中心】。

老師先分配組別，並給了每組一張學習單，讓我們邊找線索，邊尋找答案，像在探險走迷宮。第一站「文昌祠」，聽著導覽阿姨說明，也找到答案，還做了文昌符許下願望，嘻～希望學業進步！再到「文昌街」看到快失傳的捏麵人、在「臨水街」空地上玩兩人三腳踩木屐，考驗彼此默契！又陸續到「黃舉人宅」和「廣孝堂」完成所有的關卡任務。回到集合地「臨水劇場」欣賞有趣的傳藝表演、還到「迷霧森林」玩著捉迷藏好開心！

這次的傳藝之旅讓我了解台灣傳統文化及藝術，很有趣又難忘，心中仍意猶未盡，下次還要再來玩！

無編排、難閱讀

校外教學傳藝之旅

　　今天晴空萬里，帶著興奮心情，坐上遊覽車，在同學們一片歡笑聲中，到達目的地【國立傳統藝術中心】。

　　老師先分配組別，並給了每組一張學習單，讓我們邊找線索，邊尋找答案，像在探險走迷宮。第一站「文昌祠」，聽著導覽阿姨說明，也找到答案，還做了文昌符許下願望，嘻～希望學業進步！再到「文昌街」看到快失傳的捏麵人、在「臨水街」空地上玩兩人三腳踩木屐，考驗彼此默契！又陸續到「黃舉人宅」和「廣孝堂」完成所有的關卡任務。回到集合地「臨水劇場」欣賞有趣的傳藝表演、還到「迷霧森林」玩著捉迷藏好開心！

　　這次的傳藝之旅讓我了解台灣傳統文化及藝術，很有趣又難忘，心中仍意猶未盡，下次還要再來玩！

重點標示、段落分明

校外教學傳藝之旅

　　今天晴空萬里，帶著興奮心情，坐上遊覽車，在同學們一片歡笑聲中，到達目的地【國立傳統藝術中心】。

　　老師先分配組別，並給了每組一張學習單，讓我們邊找線索，邊尋找答案，像在探險走迷宮。第一站「文昌祠」，聽著導覽阿姨說明，也找到答案，還做了文昌符許下願望，嘻～希望學業進步！再到「文昌街」看到快失傳的捏麵人、在「臨水街」空地上玩兩人三腳踩木屐，考驗彼此默契！又陸續到「黃舉人宅」和「廣孝堂」完成所有的關卡任務。回到集合地「臨水劇場」欣賞有趣的傳藝表演、還到「迷霧森林」玩著捉迷藏好開心！

　　這次的傳藝之旅讓我了解台灣傳統文化及藝術，很有趣又難忘，心中仍意猶未盡，下次還要再來玩！

圖片來源：小石頭圖庫

用插圖、邊框做美化

 老師說

遊記寫作技巧

寫遊記最基本原則，就是要多寫自己的「體驗」，不要變成流水帳。
雖說每人寫作功力不同，但還是有一些技巧可以試著嘗試一下：

第一段 - 破題：（簡述要去哪裡旅遊與當時的心情）
第二段 - 經過：（旅遊中看到的人、事、物，印象最深刻的部分）
第三段 - 結語：（旅遊後的感想、想法）

使用以上技巧，基本上是可以寫出一篇還不錯的文章喔！

2 快速複製文字格式

使用【複製格式】功能，就能將文字格式套用到另一個文字上！超級省時省力喔！

◎ 複製文字格式

❶
開啟本課練習小檔案

❷
拖曳選取圖示文字，設定格式

Ⓐ 字型：華康少女文字 Std W3

Ⓑ 粗體：**B**

Ⓒ 顏色：█

(可選擇喜歡的字型和顏色)

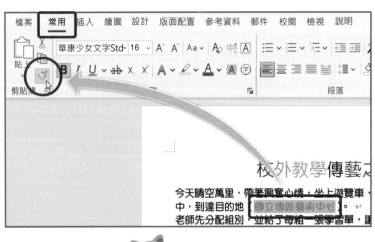

❸
選取狀態下，按兩下
【複製格式】

 小提示

點兩下 ✍【複製格式】可連續使用，直到再按一下才會取消功能。

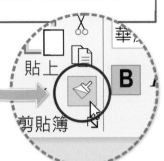

校外教學傳藝之旅

今天晴空萬里，帶著興奮心情，坐上遊覽車，在同學們一片歡笑聲中，到達目的地【國立傳統藝術中心】。

老師先分配組別，並給了每組一張學習單，讓我們邊找線索，邊尋找答案，像在探險走迷宮。第一站 文昌祠 ，聽著導覽阿姨說明，也找到答案，還做了文昌符許下願望，嗯～希望學業進步！再到 文昌街 看到快失傳的捏麵人、在 臨水街 空地上玩兩人三腳踩不累，考驗彼此默契！又陸續到 黃舉人宅 和 廣孝堂 完成所有的關卡任務。回到集合地「臨水劇場」，欣賞有趣的傳藝表演、還到 迷獵森林 玩著捉迷藏好開心！

這次的傳藝之旅讓我了解到台灣傳統文化及藝術，很有趣又難忘，心中似意猶未盡，下次還要再來玩！

④

移動 游標，拖曳選取圖示文字，即可套用相同格式

⑤

完成後，再按一下 【複製格式】結束功能

小提示

點一下 【複製格式】只能使用 1 次。

 文書處理加油站 （複製/貼上與尋找/取代）

善用【複製/貼上】

要輸入同樣文字內容，可運用【複製】【貼上】的技巧快速完成！

① 拖曳選取要複製的文字。

② 按 【複製】。
(快速鍵 Ctrl + C)

③ 再按 【貼上】3 次，完成圖示成果。
(快速鍵 Ctrl + V)

尋找及取代

在長篇文章裡，如果想找出特定字詞來設定格式，甚至想一次修改為同一字詞，可以用【取代】功能喔！

詳細方法，請參考學習影片。

3 段落設定－讓內文好閱讀

一份好閱讀的作文或報告，除了內容外，更需要條理分明的段落編排，讓我們先認識一下什麼是【段落】吧！

◎ 認識段落

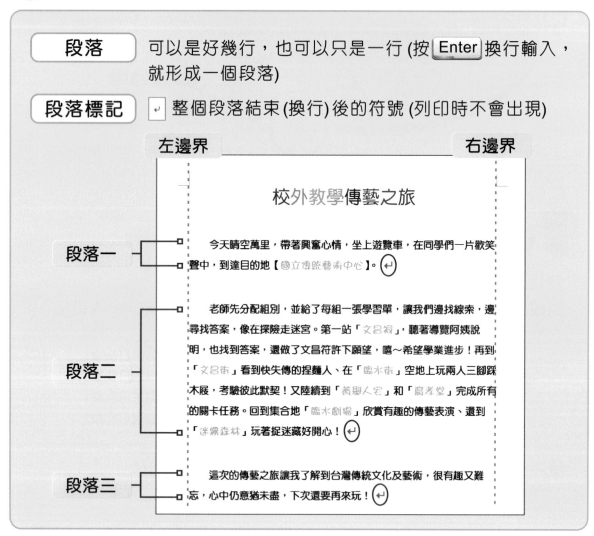

| 段落 | 可以是好幾行，也可以只是一行 (按 Enter 換行輸入，就形成一個段落) |
| 段落標記 | ↵ 整個段落結束(換行)後的符號 (列印時不會出現) |

左邊界　　　　　　　　　　　　　　右邊界

校外教學傳藝之旅

段落一　今天晴空萬里，帶著興奮心情，坐上遊覽車，在同學們一片歡笑聲中，到達目的地【國立傳統藝術中心】。↵

段落二　老師先分配組別，並給了每組一張學習單，讓我們邊找線索，邊尋找答案，像在探險走迷宮。第一站「文昌祠」，聽著導覽阿姨說明，也找到答案，還做了文昌符許下願望，嘻～希望學業進步！再到「文昌街」看到快失傳的捏麵人、在「臨水街」空地上玩兩人三腳踩木屐，考驗彼此默契！又陸續到「黃舉人宅」和「廣孝堂」完成所有的關卡任務。回到集合地「臨水劇場」欣賞有趣的傳藝表演、還到「迷霧森林」玩著捉迷藏好開心！↵

段落三　這次的傳藝之旅讓我了解到台灣傳統文化及藝術，很有趣又難忘，心中仍意猶未盡，下次還要再來玩！↵

輸入文字，當超過右邊界時，Word 會自動換行，如果按一次 Enter 鍵，就會自動向下增加一個段落。
所以輸入同一段文字時，就不用按 Enter 鍵了。

🎯 設定行距

【行距】就是行和行之間的距離；適當的行距，可以讓文章閱讀起來比較舒服！

【最小行高】

【1.5 倍行高】

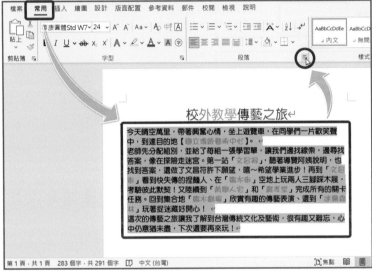

❶ 開啟段落設定視窗

【常用】標籤下，拖曳選取全部內文，再按 ↘【段落設定】

老師說

預設是顯示段落標記 ↵ (表示換行)，如果隱藏時，按 ↵，可恢復顯示。

如果段落標記完全無法顯示時，可按【檔案 / 選項 / 顯示】，勾選【段落標記】。勾選後，不管是否按下 ↵，都會顯示 ↵。

在螢幕上永遠顯示這些格式化標記	
☐ 定位字元(T)	→
☐ 空白(S)	···
☑ 段落標記(M)	↵
☐ 隱藏文字(D)	abc

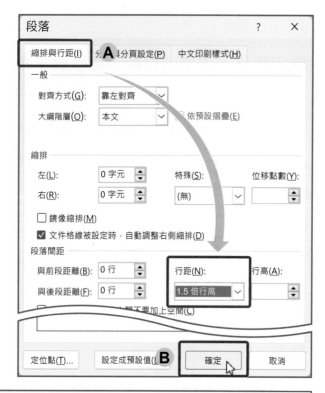

❷ 設定行距

Ⓐ 按【縮排與行距】標籤，
點【行距】的下拉方塊
∨，選【1.5 倍行高】

Ⓑ 按【確定】

校外教學傳藝之旅

今天晴空萬里，帶著興奮心情，坐上遊覽車，在同學們一片歡笑聲中，到達目的地【國立傳統藝術中心】。

老師先分配組別，並給了每組一張學習單，讓我們邊找線索，邊尋找答案，像在探險走迷宮。第一站「文昌祠」，聽著導覽阿姨說明，也找到答案，還做了文昌符許下願望，嘻～希望學業進步！再到「文昌街」看到快失傳的捏麵人、在「臨水街」空地上玩兩人三腳踩木屐，考驗彼此默契！又陸續到「黃舉人宅」和「廣孝堂」完成所有的關卡任務。回到集合地「臨水劇場」欣賞有趣的傳藝表演、還到「迷露森林」玩著捉迷藏好開心！

這次的傳藝之旅讓我了解到台灣傳統文化及藝術，很有趣又難忘，心中仍意猶未盡，下次還要再來玩！

❸

行距適中，文章讀起來就舒服多了！

取消【貼齊格線】功能

☐ 文件格線被設定時，貼齊格線(W)

不勾選時，預設是【最小行高】

仔細看，在【段落】設定視窗上，有個【文件格線被設定時，貼齊格線】選項。如果打勾的話，會自動依文字大小、格線調行距和間距，所以行距設定後，需確定取消勾選【貼齊格線】才會看得出差異。

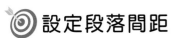

◎ 設定段落間距

【間距】指的是段落和段落之間的距離，適當的間距，能讓文章的段落更清楚喔！

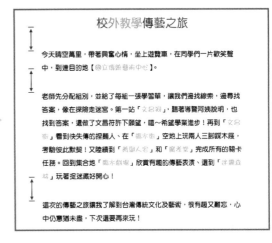

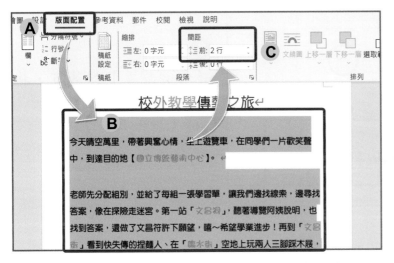

1

A 按【版面配置】標籤

B 拖曳選取全部內文

C 到【間距】的【前】欄，設定為【2 行】

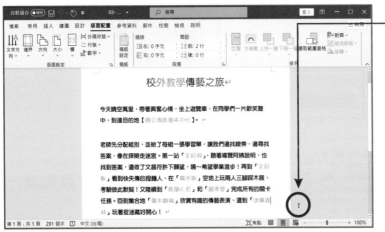

2

在空白處點一下，取消選取，完成設定

小提示

學會【間距】設定，就不需多按一下 Enter 鍵來間隔了。

🎯 第一行縮排

每段的第一行往內縮 2 個字元，如同寫作文，每一個新的段落，都要空 2 格的道理是一樣的。

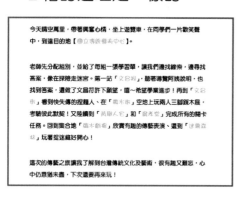 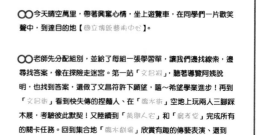

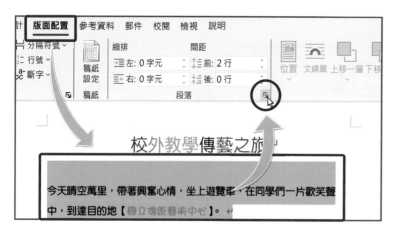

1

【版面配置】標籤下，拖曳選取全部內文，再按 ↘ 【段落設定】

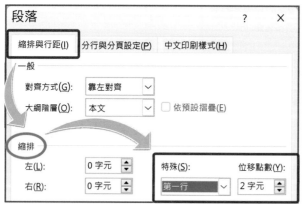

2

設定如圖示後，再按 Enter 鍵確認

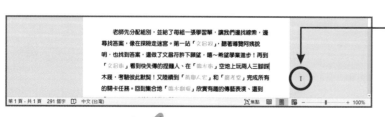

3

完成設定，在空白處點一下取消選取

文 書 處 理 加 油 站　讓文章像寫在稿紙上

想讓文章編排成像寫在稿紙上？來看看怎麼做吧！

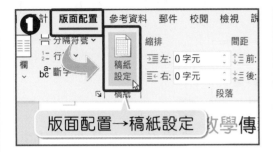

版面配置→稿紙設定

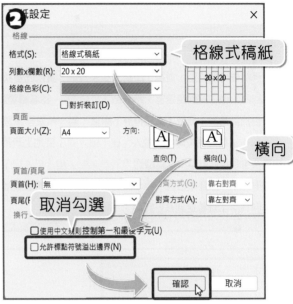

格線式稿紙

橫向

取消勾選

插入點移到標題【校】上方，按四次 Tab 鍵，將標題往下移，讓作文標題前面空四格。

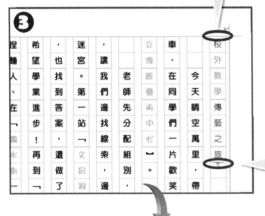

插入點移到標題【旅】下方，按 Enter 鍵，讓標題與內文之間空一行。

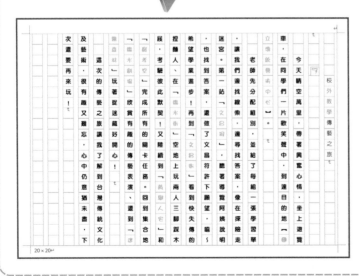

哇！真的就像寫在稿紙上耶！

文繞圖設定－讓文章賞心悅目

文繞圖就是【文字】圍繞【圖片】的排列方式。我們插入圖片來實際練習一下吧！

> 老師先分配組別，並給了每組一張學習單，讓我們邊找線索，邊尋找答案，像在探險走迷宮。第一站「文昌祠」，聽著導覽阿姨說明，也找到答案，還做了文昌符許下願望，嘻～希望學業進步！再到「文昌街」看到快失傳的捏麵人、在「臨水街」空地上玩兩人三腳踩木屐，考驗彼此默契！又陸續到「黃舉人宅」和「崇孝堂」完成所有的關卡任務。回到集合地「臨水劇場」欣賞有趣的傳藝表演、還到「迷霧森林」玩著捉迷藏好開心！

❶

游標在內文第二段的首字【老】字前點一下

❷

插入老師指定的圖片
(03-插圖.png)

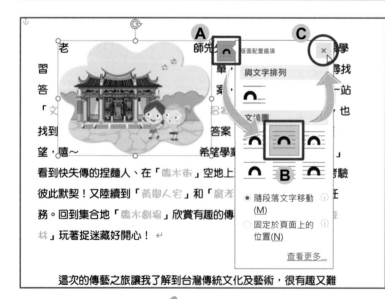

❸ 設定文繞圖

Ⓐ 圖片選取狀態下，按右上 🔲【文繞圖】

Ⓑ 選 🔲【緊密】，文字會繞著圖片四周

Ⓒ 點選 ✕ 關閉文繞圖

老師先分配組別，並給了每組一張學習單，讓我們邊找線索，邊尋找答案，像在探險走迷宮。第一站「文昌祠」，聽著導覽阿姨說明，也找到答案，還做了文昌符許許下願望，嘻～希望學業進步！再到「文昌街」看咻快失傳的捏麵人、在「臨水街」空地上玩兩人三腳踩木屐，考驗彼此默契！又陸續到「黃舉人宅」和「廣孝堂」完成所有的關卡任務。回到集合地「臨水劇場」欣賞有趣的傳藝表演、還到「迷霧森林」玩著捉迷藏好開心！

這次的傳藝之旅讓我了解到台灣傳統文化及藝術，很有趣又難

④

按住四個角的控點，稍微放大插圖，然後拖曳到約圖示位置，段落就比較集中，不會太零散喔！

 文書處理加油站 【文繞圖】的類型

運用【文繞圖】可以呈現不同的編排效果。

 與文字排列

矩形

緊密

穿透

上及下

文字在前

文字在後

文繞圖有好多變化喔！

5 幫圖片做去背

插入的圖片有背景，像貼膏藥不太好看...沒關係！來幫它去背吧！

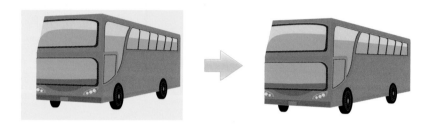

移除圖片背景

今天晴空萬里，帶著興奮心情，坐上遊覽車，在同學們一片歡笑聲中，到達目的地【國立傳統藝術中心】。

老師先分配組別，並給了每組一張學習單，讓我們邊找線索，邊尋找答案，像在探險走迷宮。第一站「文昌祠」，聽著導覽阿姨說

❶

點一下第一段最前方，然後插入老師指定的圖片

（03-遊覽車.png）

❷

文繞圖選 ⌒【矩形】調整大小、位置約如圖示

（校外教學傳藝之旅 - 版面配置選項視窗）

奧文字排列

文繞圖

❸

在【圖片格式】標籤下，按 【移除背景】

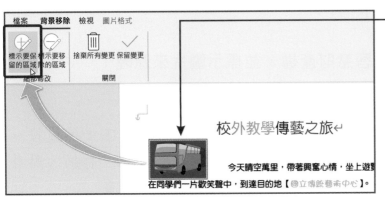

4

要移除的背景會變成紫色

若發現不該去除的部分，例如車尾與部分車頂也變紫色，就按一下【標示要保留的區域】

5 到變成紫色的車尾輕輕畫一下

6 再到變成紫色的車頂輕輕畫一下

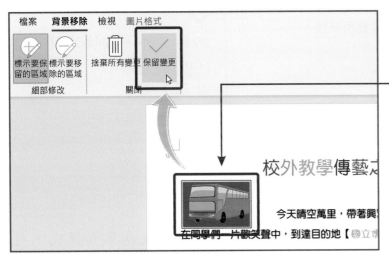

7

確定該保留的部分都不是紫色後，按【保留變更】，就可以去除背景囉！

8

最後在空白處點一下，取消選取，發現圖片就不像貼膏藥且更融入內容囉！

◎ 加上圖片來源

選用圖庫圖片，要尊重智慧財產權，並標示圖片來源喔！

> 這次的傳藝之旅讓我了解到台灣傳統文化及藝術
>
> 忘，心中仍意猶未盡，下次還要再來玩！↵

❶

在文末點一下，然後按一下 Enter 鍵，將插入點移到下一段位置

檔案　編輯　檢視

圖片來源：小石頭圖庫

❷

打開老師提供的文字檔，拖曳選取文字，然後按快速鍵 Ctrl + C 複製

> 這次的傳藝之旅讓我了解到台灣傳統文化及藝術
>
> 忘，心中仍意猶未盡，下次還要再來玩！↵

圖片來源：小石頭圖庫↵

❸

回到文件，按快速鍵 Ctrl + V 貼上，圖片來源就補上囉！

哇！變得容易閱讀又美觀！

校外教學傳藝之旅

今天晴空萬里，帶著興奮心情，坐上遊覽車，在同學們一片歡笑聲中，到達目的地【◎立博監藝術中心】。

老師先分配組別，並給了每組一張學習單，讓我們邊找線索、邊尋找答案，像在探險走迷宮。第一站「文昌祠」，聽著導覽阿姨說明，也找到答案，還做了文昌符祈求下許下願望，嗯～希望學業進步！再到「文昌祠」看到快失傳的捏麵人、在「廟本亦」空地上玩與兩人三腳踩木屐，考驗彼此默契！又陸續到「前廊人宅」和「麗考堂」完成所有的闖關任務。回到集合地「廟本前廊」欣賞有趣的傳藝表演，還到「沐猴直球」玩著捉迷藏好開心！

這次的傳藝之旅讓我了解到台灣傳統文化及藝術，很有趣又難忘，心中仍意猶未盡，下次還要再來玩！

圖片來源：小石頭圖庫

❹

調整檢視為單頁模式，看一下目前的成果

✎ 小提示

檢視文件的方法，這在第1課15頁有教喔！

6 設定頁面邊框

快編排完成囉！最後讓我們加入邊框，美化一下版面吧！

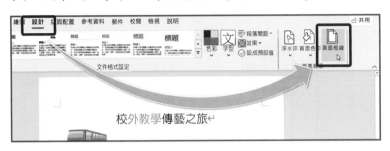

❶

按【設計】標籤，按一下 【頁面框線】

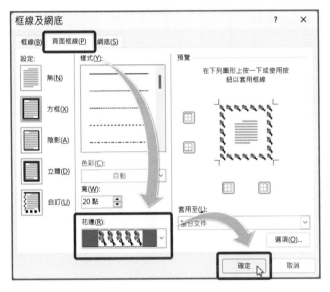

❷

【頁面框線】標籤下，花邊設定如圖示，然後按【確定】
(也可選擇自己喜歡的樣式)

❸

加上邊框，版面變得更漂亮啦！
記得將成果儲存起來喔！

文字橫式變成直式

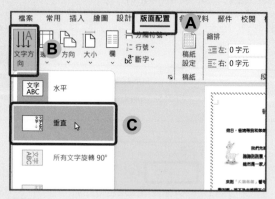

1 開啓老師指定的檔案

2 按【版面配置 / 文字方向 / 垂直】

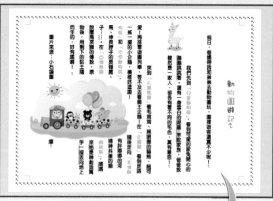

3 文字馬上變成直式，再調整一下圖片位置，就完成囉！

變成直書，別有一番風味！

我是高手 文繞圖和邊框應用

試著以自己的作文，運用本課學到的技巧，讓你的作文煥然一新吧！

戶外郊遊趣

趁著週末好天氣，爸爸媽媽帶我和妹妹到戶外去郊遊，我們來到一個滿滿是樹林的地方。

突然發現路邊的樹葉上停了一隻美麗的蝴蝶，我放慢腳步悄悄接近觀察，爸爸說牠是「樺斑蝶」，還告訴我牠的特徵與成長過程。

繼續往前走，聽到叩．叩．叩的聲音，問媽媽這是什麼聲音，媽媽說是「五色鳥」在叫，但牠躲在樹林裡不容易發現，這時，媽媽拿起望遠鏡找尋了一下，發現到牠的身影後，就拿給我看，牠身上好多顏色，有綠色、黃色、紅色、藍色和黑色，真是漂亮。

一路上還看到秋海棠、小野菊……等許多美麗的花朵。終於到達山頂上，我們一邊吃著飯，一邊快樂的聊天。戶外郊遊，可以接近大自然，又能了解自然生態，真是好玩又有趣。

圖片來源：小石頭圖庫

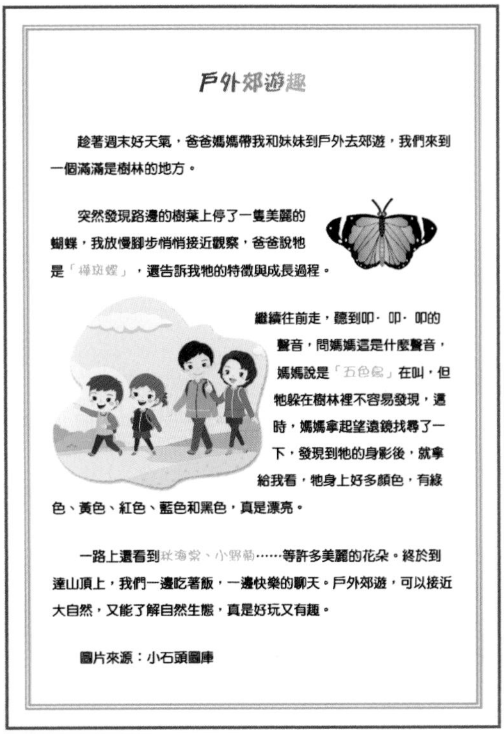

戶外郊遊趣

趁著週末好天氣，爸爸媽媽帶我和妹妹到戶外去郊遊，我們來到一個滿滿是樹林的地方。

突然發現路邊的樹葉上停了一隻美麗的蝴蝶，我放慢腳步悄悄接近觀察，爸爸說牠是「樺斑蝶」，還告訴我牠的特徵與成長過程。

繼續往前走，聽到叩．叩．叩的聲音，問媽媽這是什麼聲音，媽媽說是「五色鳥」在叫，但牠躲在樹林裡不容易發現，這時，媽媽拿起望遠鏡找尋了一下，發現到牠的身影後，就拿給我看，牠身上好多顏色，有綠色、黃色、紅色、藍色和黑色，真是漂亮。

一路上還看到秋海棠、小野菊……等許多美麗的花朵。終於到達山頂上，我們一邊吃著飯，一邊快樂的聊天。戶外郊遊，可以接近大自然，又能了解自然生態，真是好玩又有趣。

圖片來源：小石頭圖庫

示範參考

除了老師準備的圖片，
你也可以選用線上的喔！

 練功囉

( )**1** 複製格式要按哪一個按鈕？

　　1. 　　　　2. 🗐　　　　3. ✂

( )**2** 複製文字要按哪一個按鈕？

　　1. ✂　　　　2. 🗐　　　　3. 🖌

( )**3** 文繞圖要按哪一個按鈕？

　　1. 🖼　　　　2. 🖼　　　　3. ⌒

( )**4** 移除背景要按哪一個按鈕？

　　1. 🖼　　　　2. 🖼　　　　3. ⌒

進階練習圖庫　形狀圖片／作文用圖

本書光碟【進階練習圖庫】中，有許多相關的圖片，提供你做練習喔！

4 原住民族點點名 - 表格

- 表格應用與文字藝術師

原住民族點點名

賽德克族	賽夏族	泰雅族	太魯閣族
邵族			撒奇萊雅族
鄒族			噶瑪蘭族
拉阿魯哇族			布農族
卡那卡那富族			阿美族
魯凱族	排灣族	達悟族	卑南族

資料來源：維基百科

統整課程

數學　社會　原住民教育

核心概念

◎ 透過各種檔案格式進行資料的收集、處理與分析
◎ 能認識與使用資訊科技以表達想法
◎ 能利用科技理解與關心本土與國際事務，並認識與包容多元文化

課程重點

◎ 知道表格的應用
◎ 學會製作與設計表格
◎ 學會製作文字藝術師
◎ 學會設定滿版背景圖

用表格可以做什麼

表格是整理資料的高手，再多再複雜的資料，用表格來呈現，就會條列清楚、一目了然，容易閱讀喔！

星座調查表

星座	生日	人數
水瓶座	01.21 – 02.19	1
雙魚座	02.20 – 03.20	3
牡羊座	03.21 – 04.20	2
金牛座	04.21 – 05.21	2
雙子座	05.22 – 06.21	5
巨蟹座	06.22 – 07.23	4
獅子座	07.24 – 08.23	1
處女座	08.24 – 09.23	3
天秤座	09.24 – 10.23	2
天蠍座	10.24 – 11.22	2
射手座	11.23 – 12.22	3
山羊座	12.23 – 01.20	2
全班總人數：30 人		

我的功課表

星期\節	一	二	三	四	五
1	國語	數學	電腦	國語	數學
2	社會	英文	數學	數學	體育
3	數學	自然	國語	音樂	英文
4	音樂	藝文	社會	閱讀	國語
午休時間					
5	國語	國語	自然		
6	綜合	健康	放學	社會	放學
7	美勞	鄉土		鄉土	

2023 年 5 月

日	一	二	三	四	五	六
	1	2	3	4	5	6
7	8	9	10	11	12	13
14	15	16	17	18	19	20
21	22	23	24	25	26	27
28	29	30	31			

麻吉通訊錄

姓名	綽號	電話	e-mail
王小華	阿華	(02) 2621-2345	tom@hinet.net
陳小雨	小雨	(02) 2345-6789	may@gmail.com
張小強	強強	(02) 3456-78	
李小柔	飛柔	(02) 4567-890	
吳小可	可可亞	(02) 5678-90	
周小蓮	蓮花	(02) 6789-01	
高小凡	阿凡達	(02) 7890-234	
余小安	小安	(02) 8901-234	

成語填字遊戲

請在藍色格子中填入成語所缺文字

原住民族點點名

賽德克族	賽夏族	泰雅族	太魯閣族
邵族			撒奇萊雅族
鄒族			噶瑪蘭族
拉阿魯哇族			布農族
卡那卡那富族			阿美族
魯凱族	排灣族	達悟族	卑南族
資料來源：維基百科			

老師說

臺灣是個多元社會，有很多類型的住民，其中也包含了很早以前，就居住在這片土地上的【原住民族】！
但大家對原住民族的了解有多少呢？
這一課來用表格做一份臺灣【原住民族點點名】，看看有哪些族群？以及主要居住在哪些區域吧！

表格的構成與規劃

🎯 表格的構成 - 欄與列

表格是由垂直的【欄】和水平的【列】所組成的,而欄和列交會的部分叫做【儲存格】,它可以輸入資料。

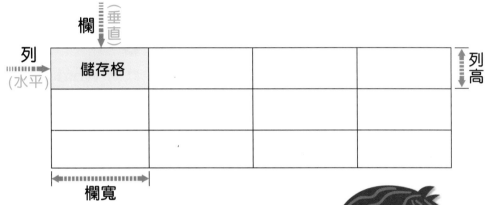

> 規劃表格,可以先用紙筆畫一下草稿。
> 在電腦上製作時,就可以省下許多修改的時間喔!

🎯 表格的規劃

① 事先計算一下需要的欄數和列數

② 大致安排資料內容的位置

插入表格與設定

臺灣的原住民族目前經政府認定的共有十六族！讓我們來建立可以放入十六個名稱的表格吧！

◎ 插入表格

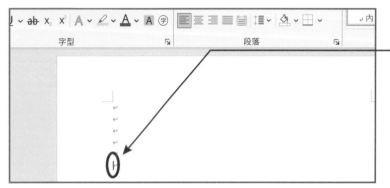

❶ 啟動 Word 後，按五下 Enter 鍵，預先空出待會要做標題的空間

❷ 按【插入】標籤，再按 【表格】，點【插入表格】

❸ 設定如圖示，按【確定】

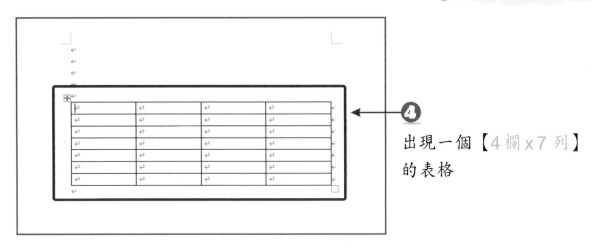

④ 出現一個【4 欄 x 7 列】
的表格

文書處理加油站　插入表格的第二種方法

用游標選取插入表格

如果需要的欄、列數不會太多時，也可以使用【游標】，快速
建立表格喔！(最多為 10 欄 x 8 列)

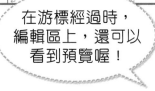
在游標經過時，
編輯區上，還可以
看到預覽喔！

A 選【插入】標籤

B 按 ▦【表格】

C 在方格上由【左上到右下】移動
游標選取，最後按滑鼠左鍵確認

🎯 設定表格大小與列高

接下來，我們調整表格大小和列高，讓表格符合設計需要。

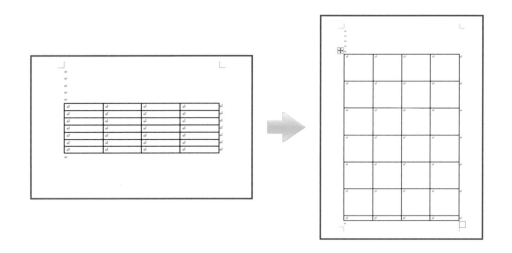

①手動縮放表格

調整檢視單頁模式，游標移到下方倒數第二條框線上，直到出現 ⟂

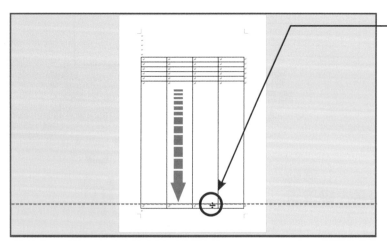

②

按住 ⟂ 向下拖曳，調整框線到約如圖示位置

小提示

不要拖曳到太下面，若文件變成兩頁，就再往上拖曳，直到恢復成為一頁。

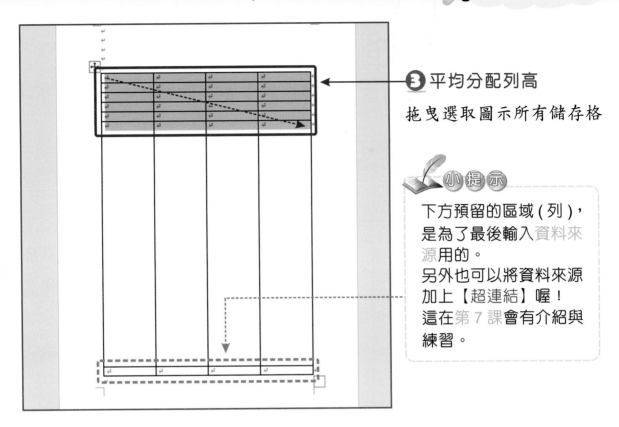

3 平均分配列高

拖曳選取圖示所有儲存格

小提示

下方預留的區域(列)，是為了最後輸入資料來源用的。
另外也可以將資料來源加上【超連結】喔！
這在第7課會有介紹與練習。

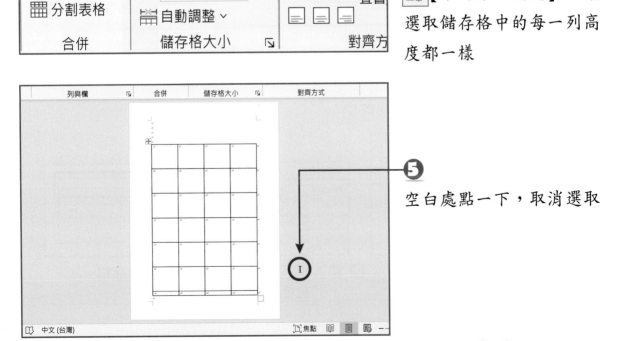

4

按【版面配置】標籤，點田【平均分配列高】，讓選取儲存格中的每一列高度都一樣

5

空白處點一下，取消選取

合併儲存格

為了輸入特別的資料或插圖，常常會需要合併儲存格喔！來練習一下吧！

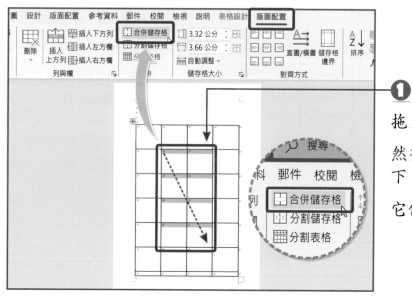

① 拖曳選取圖示八個儲存格

然後在【版面配置】標籤下，按【合併儲存格】

它們就會合併成一格

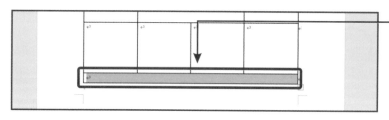

② 拖曳選取最後一列的四個儲存格，也將它們合併成一格

 **老師說**

將一個儲存格分割成多個儲存格

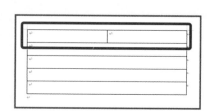

① 點選要分割的儲存格後，按【版面配置】，再按 ⊞ 【分割儲存格】。

② 輸入想要的欄、列數後，再按【確定】。

③ 完成分割儲存格。

4 輸入資料與設定網底色彩

表格的欄、列都設計好了！接著讓我們在儲存格裡輸入原住民族的名稱吧！

◎ 輸入資料

賽德克族	賽夏族	泰雅族	太魯閣族
邵族			撒奇萊雅族
鄒族			噶瑪蘭族
拉阿魯哇族			布農族
卡那卡那富族			阿美族
魯凱族	排灣族	達悟族	卑南族

1 輸入資料

開啟老師事先準備的文字檔，用複製、貼上的方式，依序在圖示儲存格內，輸入各原住民族的名稱

小提示

輸入順序為：
由右上角 (太魯閣族)
開始，依順時針方向，
到最後 (泰雅族)。

老師說

中央最大的儲存格，是為了插入各原住民族，主要居住分布的插圖用的喔！

🎯 設定文字格式與對齊方式

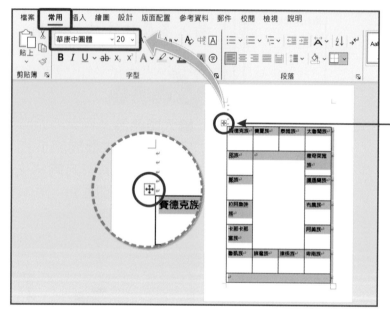

1 設定文字格式

按一下 🔀 全選表格後，到【常用】標籤，設定：

字型：華康中圓體

大小：20

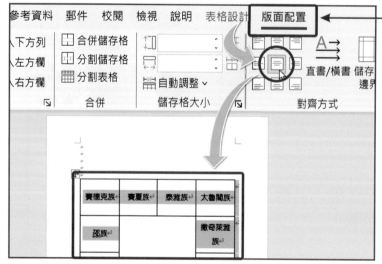

2 設定對齊方式

保持全選表格狀態下，按【版面配置】，接著按一下 ▤ 【置中對齊】，使文字位於儲存格正中央

儲存格填色

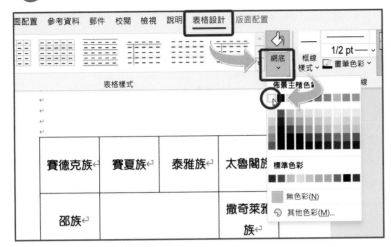

 **A** 按 ✛，選取全部表格

B 按【表格設計】標籤，按 網底，點選 □

✏️ 小提示

預設的表格網底是透明的。若不先填上顏色，等加入背景圖，就會在表格裡透出底圖，讓資料不好閱讀辨識喔!

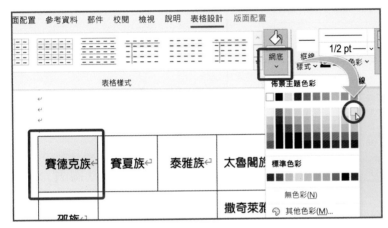

②

點一下【賽德克族】儲存格，設定為 □

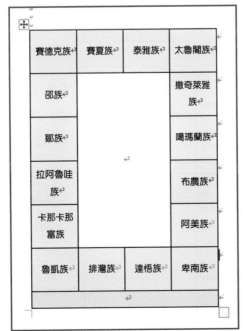

③

接著利用一點時間，完成如圖示的儲存格填色

 小提示

綠色表示大部分居住於山區，藍色則表示大部分居住於海邊。

加入插圖

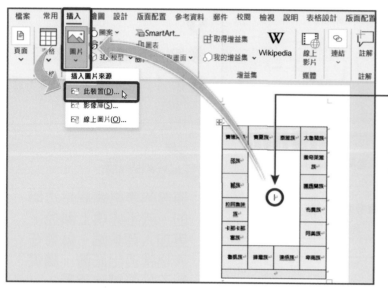

1 點一下中央的儲存格，然後按【插入】標籤→圖片→此裝置

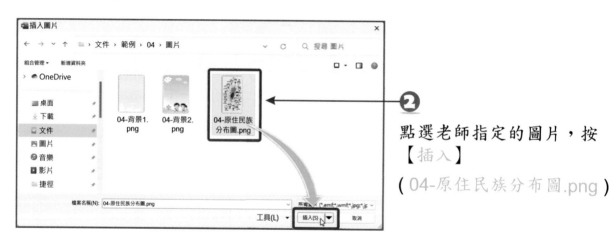

2 點選老師指定的圖片，按【插入】

(04-原住民族分布圖.png)

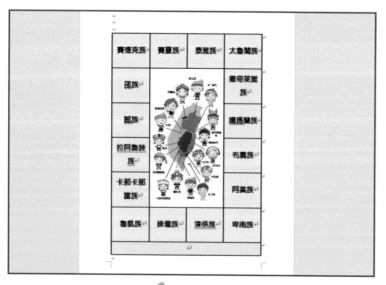

3

插入圖片後，表格顯得更活潑、美觀囉！

小提示

如果插入的圖片尺寸過大，拖曳縮放，調整一下就可以了。

5 用文字藝術師做標題

【文字藝術師】就是圖案化的文字，可自訂形狀、顏色、外框 ....
等等，使用上非常靈活！醒目又漂亮！很適合當標題喔！

星座調查表

臺灣特有生物 ➞ 臺灣特有生物

美麗的校園 ➞ 美麗的校園

資訊安全防身術 ➞ 資訊安全防身術

好炫喔！
是怎麼做出來的啊？

嗯...我的標題
要用哪一種樣式
好呢？

插入文字藝術師

原住民族點點名 → 原住民族點點名

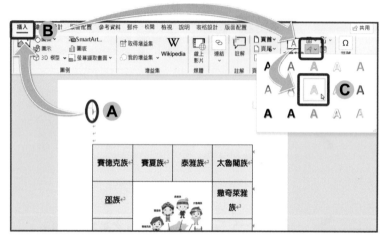

① A 插入點移到第一行

B 按【插入】標籤，點 A˅ 【文字藝術師】

C 選圖示樣式

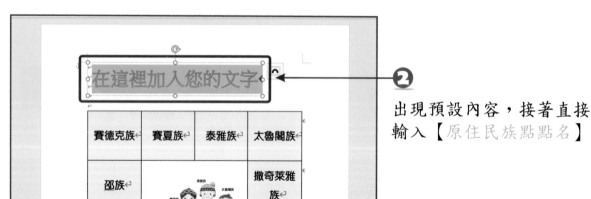

② 出現預設內容，接著直接輸入【原住民族點點名】

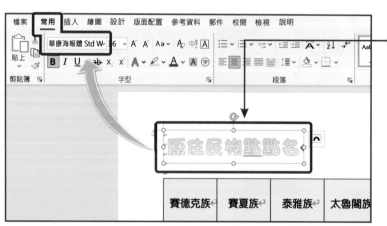

③ 按一下文字框線，全選文字藝術師物件後，在【常用】標籤下，字型變更為【華康海報體 Std W12】

設定文字效果

Word 文字有許多視覺效果,可在文字藝術師上套用轉換,來練習看看吧!

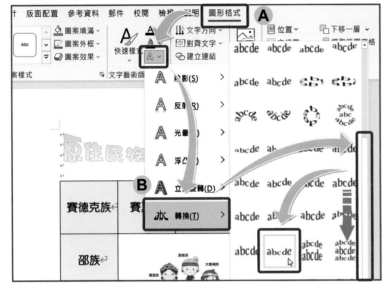

1 改變形狀

文字藝術師物件選取狀態下,設定:

A 按【圖形格式】標籤,再按 🅐ˇ【文字效果】

B 到 *abc*【轉換】項目,拖曳右側捲軸,找到並點選圖示形狀

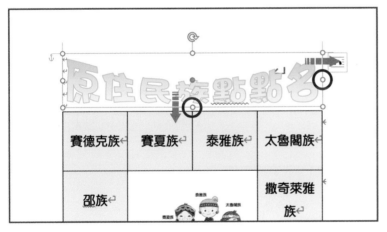

2

拖曳文字方塊右中與下中 ○ 控點,拉寬並拉高物件約如圖示

小提示

游標移到四個角的控點上,出現 ↖,可按住拖曳,做等比例縮放。

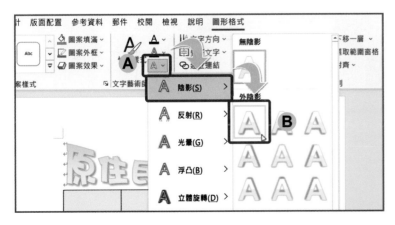

3 加上陰影

A 再按一次 🅐ˇ

B 到 🅐【陰影】項目,點選圖示陰影效果

6 滿版背景圖

最後讓我們插入背景圖，設定成滿版效果，讓這份表格更漂亮吧！

1

按【設計】標籤，選 ⬜
【頁面色彩 / 填滿效果】

小提示

頁面色彩選【無色彩】，
則可取消背景。

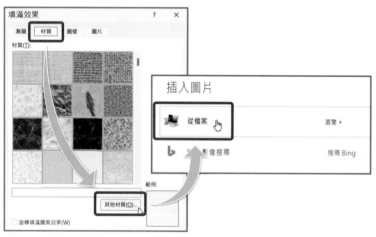

2

按【材質】標籤→其他
材質→從檔案

再依照老師指示，插入
【04-背景1.png】

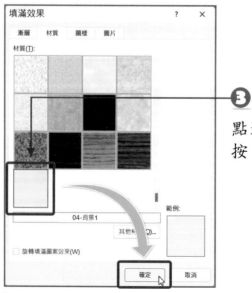

3

點選插入的背景圖，然後
按【確定】

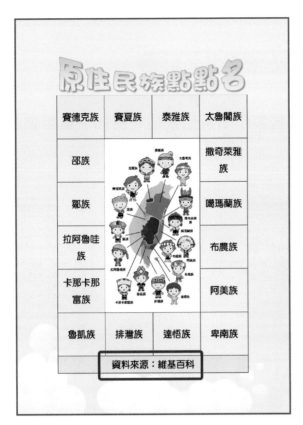

❹
最後再到最下一列輸入【資料來源：維基百科】，這份【原住民族點點名】表格就大功告成囉！
(記得要存檔喔！)

列印時若沒有出現背景圖，就按【檔案/選項/顯示】，勾選：

 文書處理加油站 滿版背景圖與手繪表格

插入滿版背景圖的優點
- 背景圖不會任意移動，編輯時更方便
- 每一頁都會有同樣的背景(頁面最後，按一下 Enter 鍵，就會新增頁面並產生相同背景)

手繪表格
如果在新的文件中，要直接手繪表格，可按【插入/表格/ 手繪表格】：

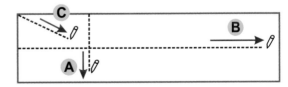

❶ 在表格的開始位置，按住滑鼠左鍵，向右下方拖曳畫出外框

❷ Ⓐ 由上而下拖曳畫出【欄】
Ⓑ 由左而右畫出【列】
Ⓒ 由左上到右下拖曳畫出【對角線】

我是高手　挑戰製作各種表格

利用本課學到的技巧，試著製作出其他表格，例如：星座調查表、假日作息時間表...吧！

示範參考

想一想，
表格還可以應用到哪裡呢？
自己設計主題，更加分喔！

懂更多 我的功課表

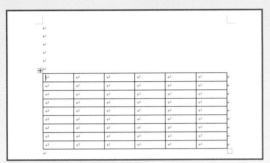

① 在圖示位置，插入一個【6欄 x 9列】
表格，來製作自己的功課表。

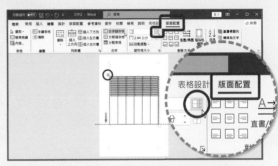

② 向下拖曳最下方橫線到適當處，
再全選表格，按【版面配置】標
籤，再按 田 【平均分配列高】。

③ 按【手繪表格】在左上方儲存格畫
出斜向對角線。(到空白處按一下取消
手繪功能)

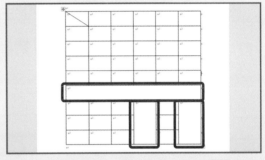

④ 拖曳選取圖示儲存格，點 田 【合
併儲存格】。

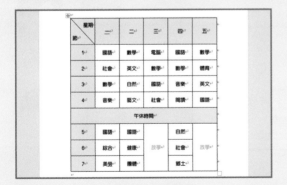

⑤ 輸入課表資料，設定文字格式和色
彩，並置中對齊。
星期 - 靠右對齊，節 - 靠左對齊，
再填入網底顏色如圖示。(老師有準
備課表科目文字檔，方便同學製作喔!)

⑥ 用【文字藝術師】製作標題，
再插入背景圖，功課表就大功
告成囉!

( )① 在表格上，一格一格的小格子叫做？

　　1. 儲存格　　　　　2. 小方塊　　　　　3. 小格格

( )② 想要插入表格要按？

　　1. ▢　　　　　2. 📄　　　　　3. ⊞

( )③ 想要插入文字藝術師要按？

　　1. A ∨　　　　　2. A ∨　　　　　3. A ∨

( )④ 想要插入滿版背景圖，要到【設計】標籤下按？

　　1. 🚩　　　　　2. 🪣　　　　　3. 📄

 進 階 練 習 圖 庫　直式背景圖 / 卡通公仔

在本課【進階練習圖庫】中，有許多相關的圖片，提供你做練習喔！

5 小水滴之旅 - 學習單

- SmartArt 與圖案應用

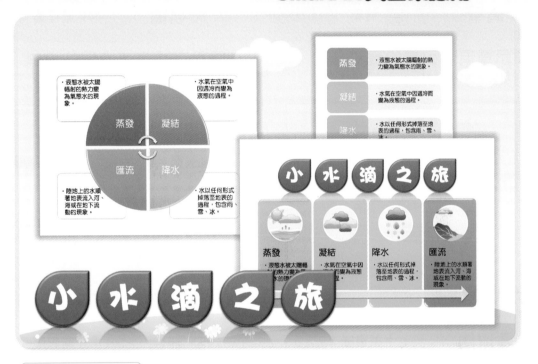

統整課程

數學　自然科學　環境教育

核心概念

◎ 能運用運算思維描述問題解決的方法

◎ 能認識與使用資訊科技以表達想法

◎ 能熟悉文書處理軟體之常用功能，並編輯出整合多元資料之文稿

課程重點

◎ 知道 SmartArt 的種類與應用

◎ 學會製作 SmartArt 圖形

◎ 學會轉換各種 SmartArt

◎ 學會用內建圖案做標題

漂亮又好用的 SmartArt

【SmartArt】圖形工具有多種漂亮的樣式，它可以輕鬆套用、快速建立圖形化文件。常見的種類與用途，有下列幾種：

清單　📋 清單

顯示單項條列式的資料
例如：蝴蝶的一生

流程圖　⇢ 流程圖

顯示有順序或時間的資料
例如：燙傷急救處理五步驟

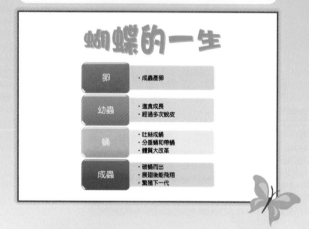

循環圖　🔄 循環圖

顯示反覆、連續出現的資料
例如：水循環

關聯圖　↑↓ 關聯圖

顯示主從或構成關係的資料
例如：多媒體的元素

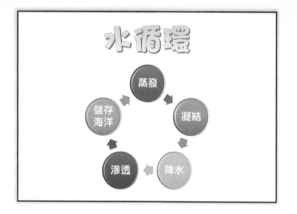

階層圖 階層圖

顯示有組織、階層的資料
例如：工作小組

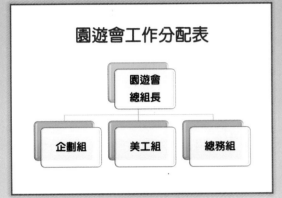

金字塔圖 金字塔圖

顯示比例或數量關聯性的資料
例如：健康飲食金字塔

小水滴之旅

蒸發

凝結

降水

匯流

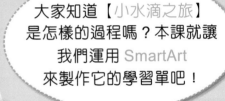

大家知道【小水滴之旅】
是怎樣的過程嗎？本課就讓
我們運用 SmartArt
來製作它的學習單吧！

想一想

了解各個【SmartArt】的種類和用途後，想想
看生活中，有哪些事物適合用 SmartArt 來表
現呢？要用哪類 SmartArt 呢？

又該如何精簡文字、圖片，達到清晰易懂？
一起來想一想吧！

建立 SmartArt 圖形

小水滴之旅有四個階段，讓我們先用最簡單的清單樣式表現一下。

蒸發	·液態水被太陽輻射的熱力變為氣態水的現象。
凝結	·水氣在空氣中因遇冷而變為液態的過程。
降水	·水以任何形式掉落至地表的過程，包含雨、雪、冰。
匯流	·陸地上的水順著地表流入河、海或在地下流動的現象。

◎ 插入 SmartArt - 清單

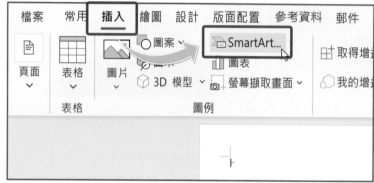

❶

開啟空白文件，版面設定，並在【插入】標籤下，按 SmartArt...

● 上/下/左/右邊界：2公分
● 頁面方向：橫向

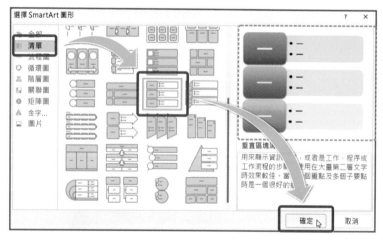

❷

點選 清單 ，再選【垂直區塊清單】樣式後，按【確定】

(如果找不到，可從全部的選項中去找)

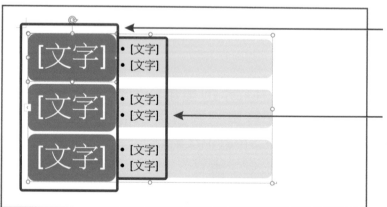

這是【主項目】(圖案)

這是【子項目】，以項目符號呈現

新增圖案 / 刪除項目

插入的清單圖形，預設只有三個項目，我們再來新增一個。

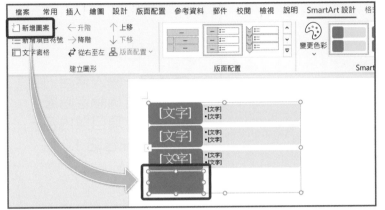

1 新增主項目

點選最下一列的圖案，按一下 新增圖案 ，就可以再新增一列清單

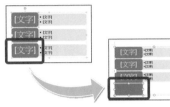

2 新增子項目

按 新增項目符號

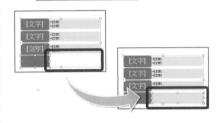

3 輸入文字

在[文字]上點1下，直接輸入文字

可以開啟老師準備的文字檔，用 複製 / 貼上 的方式完成輸入喔！

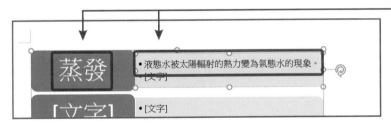

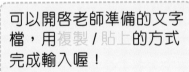

4 刪除項目

到圖示處點一下，按 ←Backspace 鍵，刪除項目

小提示

要刪除【主項目】，必須先刪除【子項目】才行。

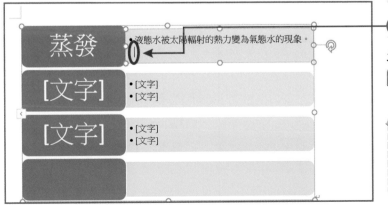

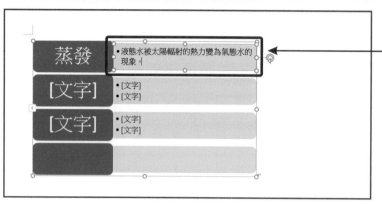

 ❺

讓子項目內容成為一項

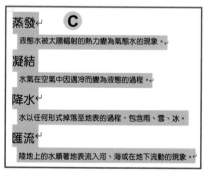

小提示

除了逐一輸入項目內容，也可透過設定階層，快速建立項目與內容，一起來練習吧！

🎯 快速建立項目與內容

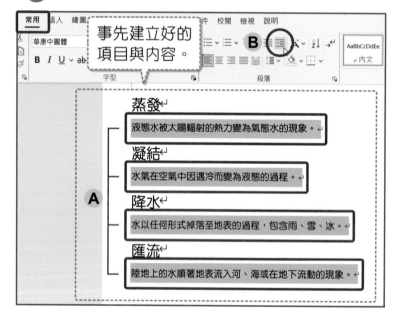

事先建立好的項目與內容。

❶

Ⓐ 開啟本課練習小檔案，按住 Ctrl 鍵不放，拖曳選取所有子項目內容

Ⓑ 在【常用】標籤下，按 ⊞ 增加縮排

Ⓒ 接著全選所有的內容，按 Ctrl + C (複製)

蒸發 Ⓒ

液態水被太陽輻射的熱力變為氣態水的現象。

凝結

水氣在空氣中因遇冷而變為液態的過程。

降水

水以任何形式掉落至地表的過程，包含雨、雪、冰。

匯流

陸地上的水順著地表流入河、海或在地下流動的現象。

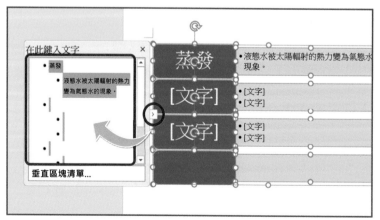

❷

視窗切換回 SmartArt 文件，按 < 開啟文字窗格，點一下文字窗格內容，再按 Ctrl + A (全選)

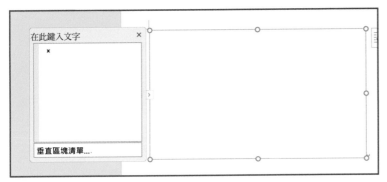

❸

按 Delete 鍵刪除所有項目

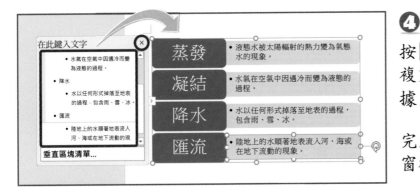

❹

按 Ctrl + V ，貼上剛剛複製的內容，Word 會根據內容自動建立到圖形

完成後按 × ，關閉文字窗格

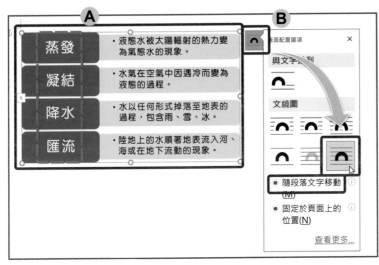

❺

Ⓐ 設定文字格式：

- 先點選整個圖形外框，全選所有主項目與子項目，設定華康中圓體、字級18

- 按住 Ctrl 鍵不放，點選所有主項目，設定字級28

Ⓑ 點選圖形外框，設定文繞圖，方便圖形的移動

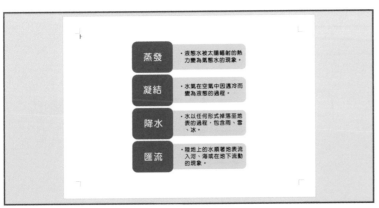

❻

將圖形調整到適當大小，讓文字保持在圖形裡，並移動到頁面中間位置

圖形縮放方法同縮放圖片，第1課第24頁有教喔！

SmartArt 樣式變變變

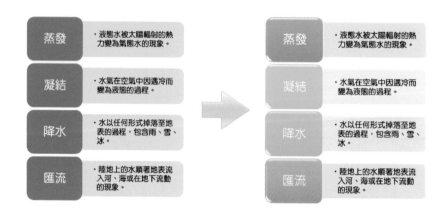

套用 SmartArt 樣式

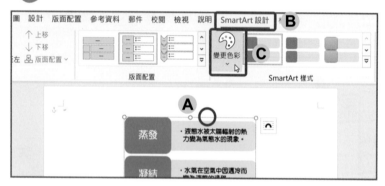

❶ 套用 SmartArt 色彩

Ⓐ 點選圖形外框 (選取圖形)

Ⓑ 按【SmartArt 設計】標籤

Ⓒ 點選 變更色彩 【變更色彩】

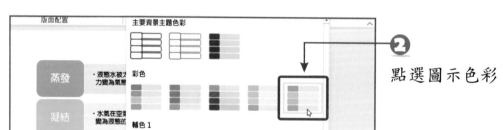

❷

點選圖示色彩

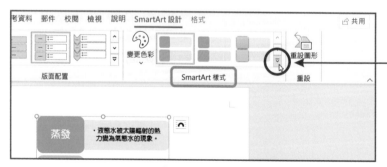

❸ 套用 SmartArt 樣式

按【SmartArt 樣式】的 ▽

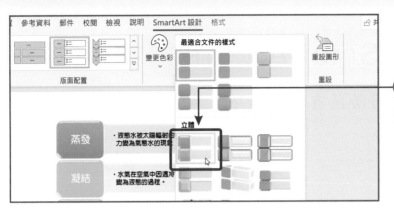

④
選圖示或你喜歡的樣式

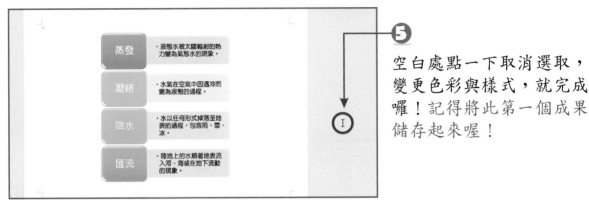

⑤
空白處點一下取消選取，變更色彩與樣式，就完成囉！記得將此第一個成果儲存起來喔！

懂更多　用運算思維來創作

【運算思維】，簡單來說，就是用電腦的邏輯來解決問題的思維。內涵有很多層面，而本課就是以其中的【演算法】來進行的喔！

【演算法】就是將一切的過程，設計出能夠解決問題的步驟與規則；而流程圖 (有各種樣式) 是演算法的一種表現方式，有助於釐清事物的邏輯與步驟。最簡單的例子是：

轉換不同 SmartArt 圖形

讓小水滴之旅的四個不同階段有先後順序，並且不斷的循環！讓我們將它變成循環圖吧！

◎ 循環圖

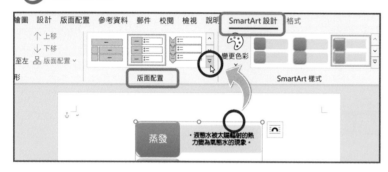

1

按一下框線，全選整個圖形，在【SmartArt 設計】標籤下，按【版面配置】的 ☑

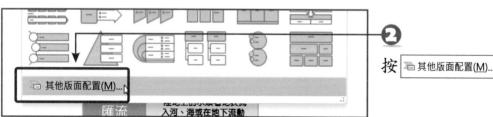

2

按 🔲 其他版面配置(M)...

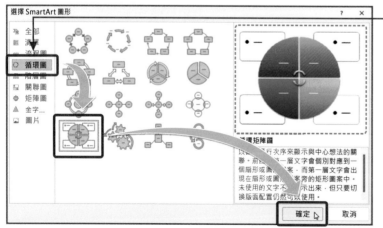

3

按 🔄 循環圖 種類，點選圖示循環圖，按【確定】

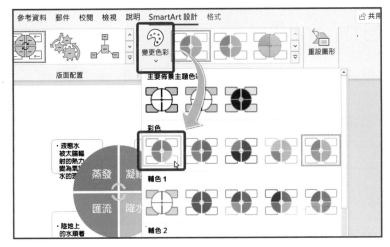

④

仿照 P94❶~❷，修改色彩如圖示

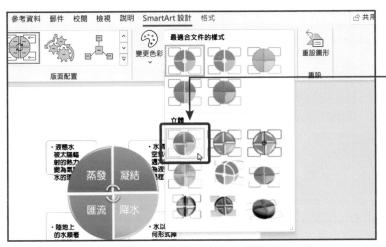

⑤

仿照 P94❸ ~ P95❹，選取圖示樣式

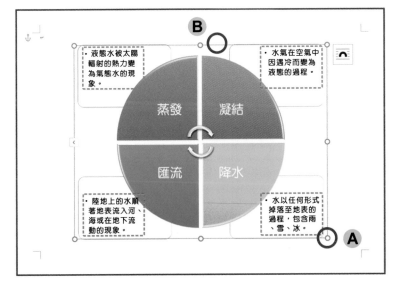

⑥

Ⓐ 將圖形等比例拉大，直到子項目文字都可以容納入圓角矩形內

Ⓑ 按住圖形框線，拖曳圖形到約版面正中央

這樣就完成將清單變成循環圖樣式囉！

記得要另存新檔，將第二個成果儲存起來喔！

強調圖片 SmartArt

小水滴之旅，除了文字，用圖片來表現，會讓學習單更加容易理解喔！

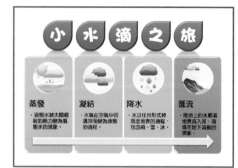

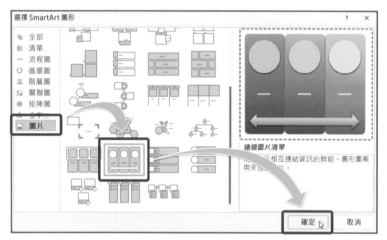

❶

仿照上一節技巧，點選 🖼 圖片 種類，再點選圖示樣式

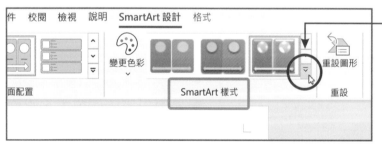

❷

圖形選取狀態下，按【SmartArt 樣式】的 ∨

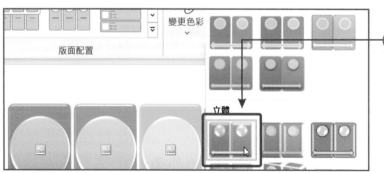

❸

選圖示樣式

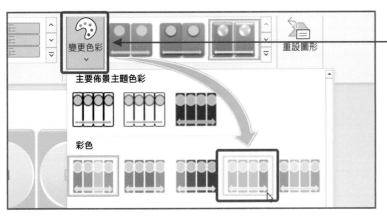

④ 接著更改為圖示色彩

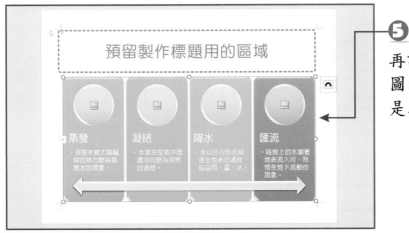

⑤ 再調整圖形大小與位置如圖示 (上方預留的區域,是為了製作標題用的)

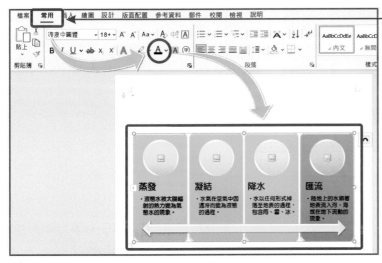

⑥ 按【常用】標籤,將文字都設成黑色吧!

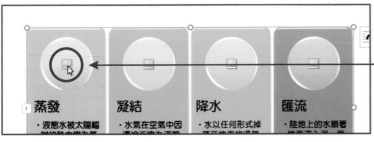

⑦ 插入圖片到 SmartArt 按中間的圖示

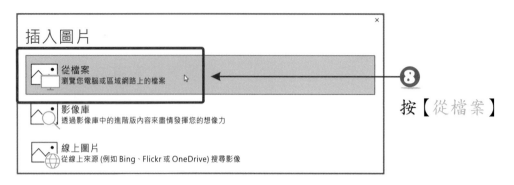

8 按【從檔案】

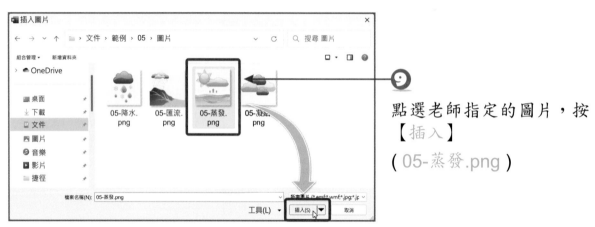

9 點選老師指定的圖片，按【插入】

(05-蒸發.png)

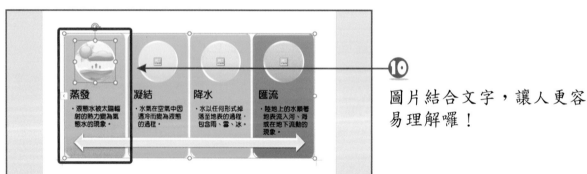

10 圖片結合文字，讓人更容易理解囉！

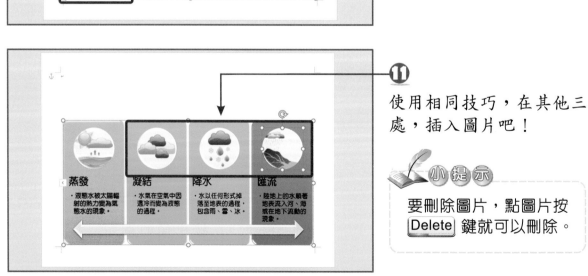

11 使用相同技巧，在其他三處，插入圖片吧！

小提示

要刪除圖片，點圖片按 Delete 鍵就可以刪除。

6 圖案當作標題很特別

圖案加入文字，可以當作標題！不僅特別、美觀，也很醒目喔！
一起來學習怎麼做吧！

🎯 插入圖案

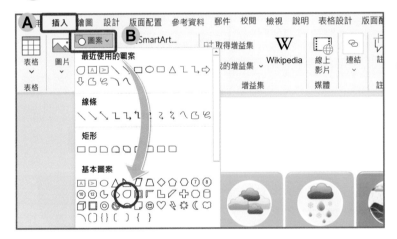

❶

Ⓐ 按【插入】標籤

Ⓑ 按 🔵 圖案 ˅ ，然後點選
　 圖示圖案 🌢 (淚滴形)

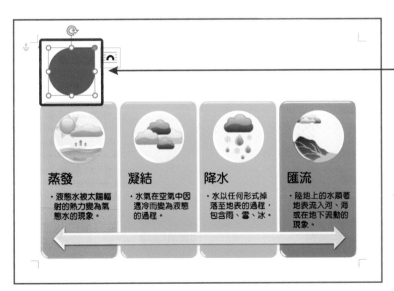

❷

按住 Shift 鍵，拖曳畫出
一個等比例、約如圖示大
小的圖案

✏️ 小 提 示

在空白處點一下，會直
接產生一個預設大小的
圖案喔！

套用圖案樣式與效果

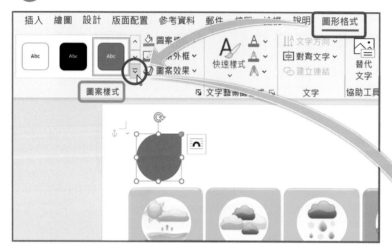

❶套用圖案樣式

在【圖形格式】標籤下，選擇圖案樣式

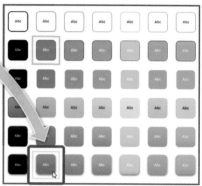

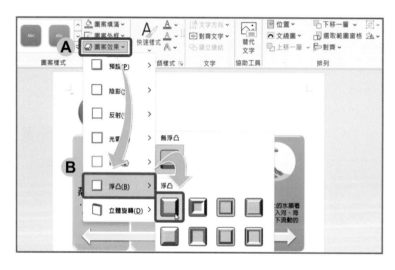

❷套用圖案效果

Ⓐ 按 圖案效果，游標移到 【浮凸】

Ⓑ 點選圖示效果

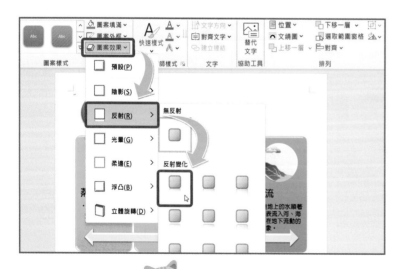

❸

再點一下 圖案效果，到 【反射】，選擇圖示效果

🎯 圖案新增文字

圖案大小和效果都設定完成了！讓我們在圖案裡新增文字吧！

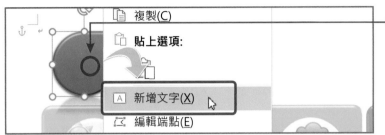

1 在圖案上按右鍵，選擇【新增文字】，接著輸入文字：小

2 拖曳選取【小】字後，按【常用】標籤，設定文字格式

小提示

圖案中文字顯示偏低或不完整，有可能和圖案大小有關，但不見得都如此。

只要調整文字的行距，就可以讓偏低或隱藏的部分顯示出來喔！

3 在【常用】標籤下，按一下 ⌐」【段落設定】

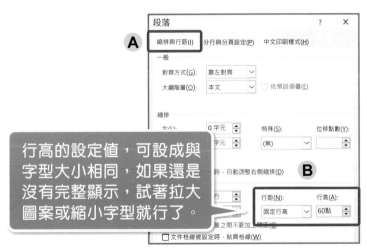

行高的設定值，可設成與字型大小相同，如果還是沒有完整顯示，試著拉大圖案或縮小字型就行了。

4 設定如圖示，按 Enter 鍵確認，文字就會上升、大約位於圖案中央囉！

7 乖乖排排站－對齊均分與群組

利用對齊、均分與群組，讓物件簡單、快速的整齊排列，更顯得美觀。

 對齊與均分

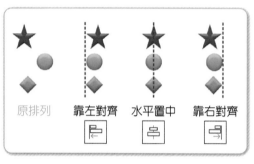

◎ 複製圖案並修改文字

認識對齊與均分之後，來實際練習一下吧！

❶ 複製圖案

點選圖案，按 Ctrl + C 複製，再按4次 Ctrl + V 貼上，然後拖曳分開到約如圖示

❷ 修改文字

一一拖曳選取圖案上的文字，分別修改成圖示文字

 小 提 示

文字內容，可從老師提供的文字檔，複製、貼上。

對齊、均分與群組

1 對齊

A 按住 Shift 鍵，陸續點選所有圖案

B 按【圖形格式】標籤

C 按 【對齊】，點選【垂直置中】

2 均分

繼續按【對齊】，點選【水平均分】

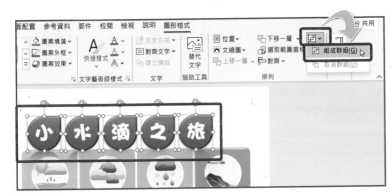

3 群組

按 【將物件組成群組】，點選【組成群組】

 小提示

群組後的物件就能一起移動、縮放。

同樣的步驟點選 ，可按 【取消群組】。

4

將標題，往上移到圖示位置，用圖案做的標題就完成了！

◎ 修改箭頭圖案

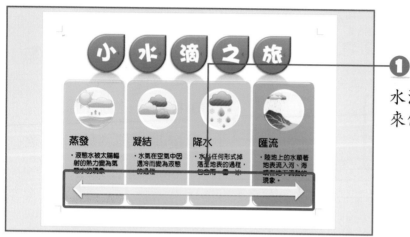

水滴的旅行不是雙向的，來修改成單向的箭頭吧！

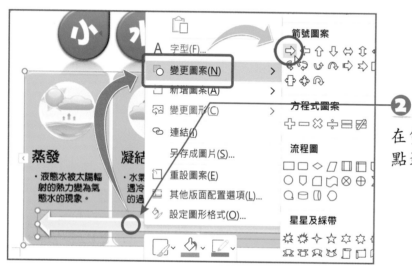

在雙箭頭圖案上按右鍵，點選【變更圖案 / ➯】

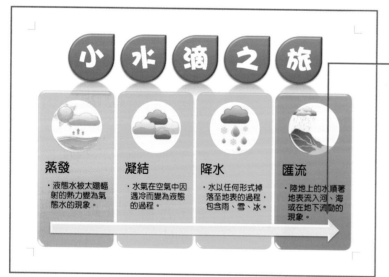

箭頭變成單向往右了！

練習至此，這份圖文並茂的學習單也大功告成囉！

記得要另存新檔，將第三個成果儲存起來喔！

文書處理加油站　用圖案組合出創意圖形

用圖案來繪圖

利用各種【圖案】的組合，構想排列方式，可以做出許多有創意的物件和圖形喔！ 例如：

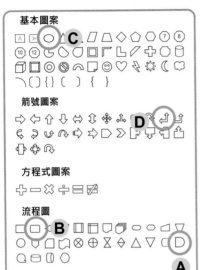

在圖案中，依序畫出 **A B C D** 形狀，再加上圖案效果，組合約如圖示後，就完成了。

發揮創意可以畫出更多圖形喔！

小提示：

轉動 🔄 圖案就可以旋轉。

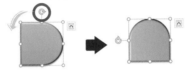

我是高手　蝴蝶的一生學習單

開啟本單元的 練習小檔案，試著編輯出【蝴蝶的一生】學習單吧！

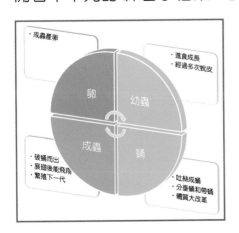

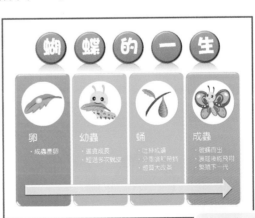

示範參考

 練 功 囉

( ) ① 插入 SmartArt 要按哪一個按鈕？

1. ⬚ 　　　　　 2. ⬚ 　　　　　 3. ⬚

( ) ② 想呈現許多圖片，要用 SmartArt 的哪一類圖形？

1. ⬚ 清單 　　　 2. ⬚ 循環圖 　　　 3. ⬚ 圖片

( ) ③ 插入【圖案】要按哪一個按鈕？

1. ⬚ 　　　　　 2. ⬚ 　　　　　 3. ⬚

( ) ④ 哪一個是【對齊】的按鈕？

1. ⬚ 　　　　　 2. ⬚ 　　　　　 3. ⬚

 進 階 練 習 圖 庫 循環插圖 / 表情人物

在本課的【進階練習圖庫】，有各種【循環插圖】，提供給你做練習喔！

另外，人物的表情變化，把它們也當作一種循環，是不是也很有趣啊?!這些圖片，在本課【進階練習圖庫】裡也有喔！

6 地震防災你我他 - 封面設計

- 網路資源運用

統整課程

自然科學　藝術　閱讀素養教育　環境教育

核心概念

◎ 讓學生能瞭解如何搜尋網路學習資源並實際體驗

◎ 網路資料搜尋與分析、整理之方法

◎ 能將資料有系統地透過文書、簡報、試算表或影像等格式呈現

課程重點

◎ 學會從網路找資料與運用

◎ 學會挑選範本與設計封面

◎ 會使用文字方塊與項目符號

◎ 學會加入文字超連結

網路是報告的好幫手

一直以來，臺灣地震頻繁。而在地震發生時，正確的防護措施是什麼呢？讓我們以【地震防災你我他】為主題，做一個報告吧！

報告通常有文字和圖片，要怎麼取得啊？

別忘了網路就是個百寶箱，什麼資料都有喔！

這一課先製作報告封面，下一課再來做內容吧！

由 中華民國經濟部中央地質調查所, Attribution,
https://commons.wikimedia.org/w/index.php?curid=113990382

● 班級：四年一班
● 座號：8 號
● 姓名：王小華　　資料來源：維基百科-臺灣斷層

資料蒐集百寶箱 - 網路

在開始本課練習之前，小試身手，到【維基百科】搜尋【北極熊】的資料，熱身一下吧！(網址 https://zh.wikipedia.org/)

維基百科有超豐富的資料，可以用搜尋的方法找到喔！

取用網路資料，要尊重著作權，並符合創用CC的規範！

輸入關鍵字搜尋

北極熊

找到並點選資料超連結

可以找到很多關於北極熊的資料喔！

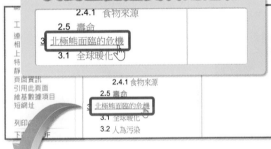

哇！有文字、有圖片，超豐富！

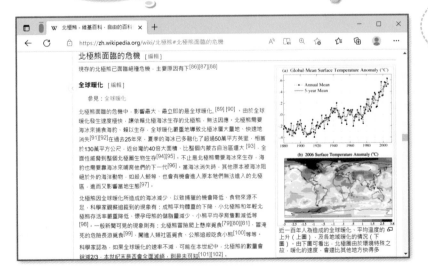

認識創用 CC - 四個授權要素

創用CC授權條款包括「姓名標示」、「非商業性」、「禁止改作」以及「相同方式分享」四個授權要素，其意思分別為：

這個圖表示，使用時要註明作者姓名。

這個圖表示，使用在作品時，不可以拿來獲利。

這個圖表示，使用時，只能拷貝，不可以變更或修改。

這個圖表示，使用時，只能依同樣的授權條款來發布該作品。

維基百科中的圖片、文字內容，大多經過授權，可以分享使用的喔！

資料來源網址

按箭頭找尋想要運用的圖片！

作者姓名　　創用CC標示

使用時，記得要標示出處。

由 Alan D.Wilson - naturespicsonline.com, CC BY-SA 3.0, https://commons.wikimedia.org/w/index.php?curid=3178132

想更了解創用 CC 到以下網站看看吧！

Creative Commons 台灣社群網站：
https://tw.creativecommons.net

報告封面設計要素

製作專題報告時，一定要有封面和切合主題的內容，那麼製作【封面】的要素有哪些呢？

標題

主視覺

製作人

想一想

製作封面時還要注意什麼呢？

◆ 如何讓主題更醒目？

◆ 適合插入哪些圖片？

◆ 如何調整版面才能賞心悅目？

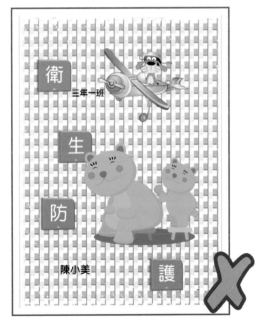

插入封面範本與修改

Word有內建好的封面範本，可以依自己的需求去做更改，完成專題報告的封面。

◎ 選擇範本與刪除封面所有文字

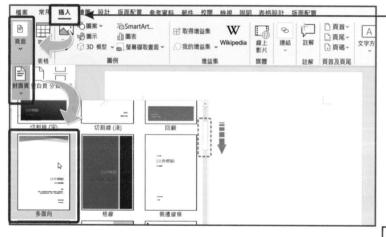

❶ 啟動 Word，按【插入】標籤，再按【頁面/封面頁】，點選【多面向】

❷ 按住 Shift 鍵不放，點選所有文字區塊，按 Delete 鍵刪除所有文字

◎ 用文字藝術師製作標題

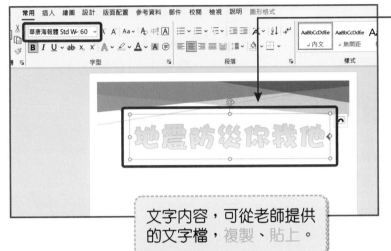

①加入文字藝術師

仿照第四課 P80，插入一
個文字藝術師，輸入文字
【地震防災你我他】，並
設定好格式

字型：華康海報體 Std W12

大小：60

> 文字內容，可從老師提供
> 的文字檔，複製、貼上。

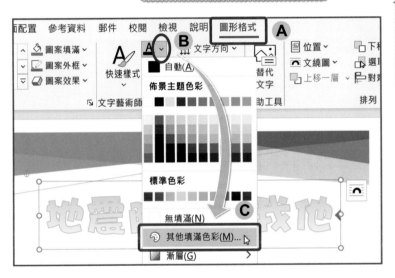

小提示

設定格式後，若變成兩
行，就向右拖曳右中的
控點，恢復為一行。

②自訂填滿色彩

在【圖形格式】標籤下，
按 【文字填滿】的∨
，點選【其他填滿色彩】

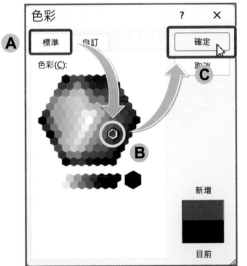

③

在【標準】標籤下，點選
■，按【確定】

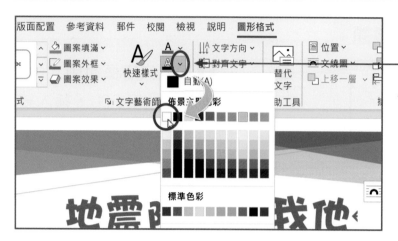

❹自訂外框色彩

按 ⬛⌄【文字外框】的⌄ ，點選☐ (白色)

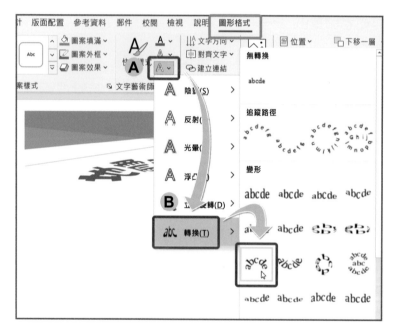

❺改變形狀

Ⓐ 按 🅰⌄【文字效果】

Ⓑ 到 abc【轉換】項目，找到並點選圖示形狀

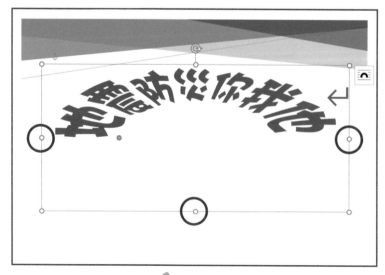

❻

拖曳控點，調整形狀、按住框線拖曳調整一下位置如圖示

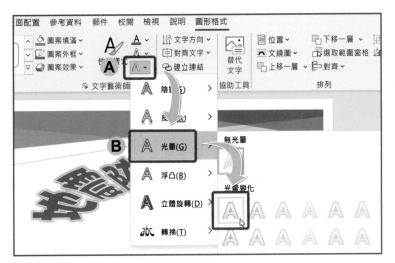

7 加上光暈效果

A 按 A∨【文字效果】

B 到 A【光暈】項目,點選圖示光暈

8 到空白處點一下,取消選取,就完成標題製作囉!

◎ 插入文字方塊

用文字方塊做的文字,就像物件,可以隨意移動,超方便!

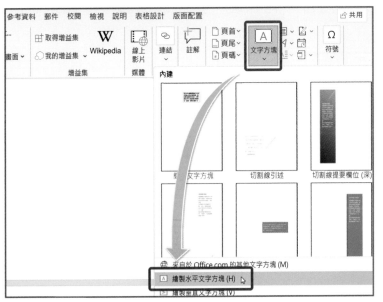

1 按【插入】標籤,點 A 文字方塊【文字方塊】,點選【繪製水平文字方塊】

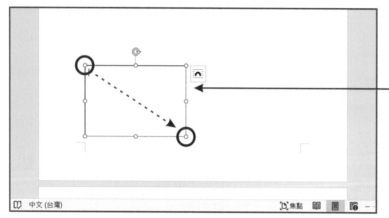

❷
到第一頁下方約圖示位置
拖曳出一個文字方塊框
(約如圖示大小)

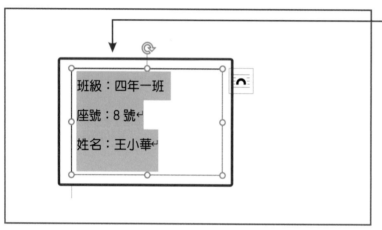

❸
接著輸入文字如圖示，然
後按【常用】標籤，設定
文字格式

字型：華康中圓體

大小：16

📖 小提示

文字內容，可從老師提供
的文字檔，複製、貼上。

🎯 加上項目符號

【項目符號】可以讓條列式內容，有條理、更容易閱讀！一起來做做
看吧！

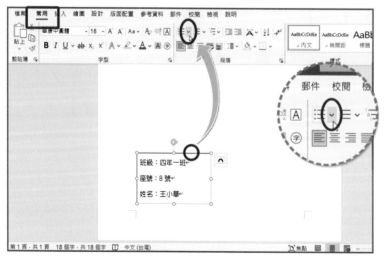

❶
點選圖示文字方塊，在【
常用】標籤下，點 ☰【項
目符號】下拉方塊 ⌄

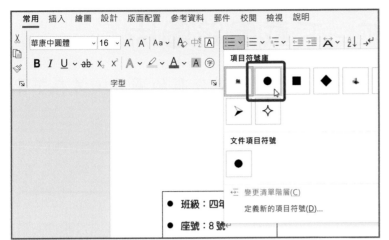

❷

點選圖示符號，或你喜歡的符號

加入項目符號後，若文字被換行，就拖曳控點，恢復到只有三行。

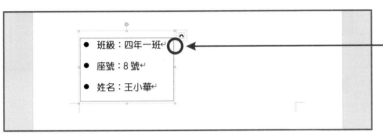

❸

按住框線，拖曳調整到約圖示位置

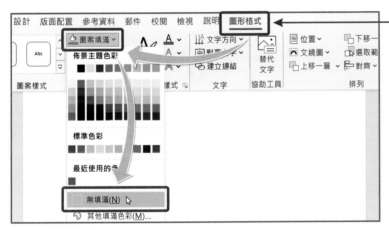

❹ 設定透明文字方塊

按【圖形格式】標籤，按【圖案填滿】，點選【無填滿】

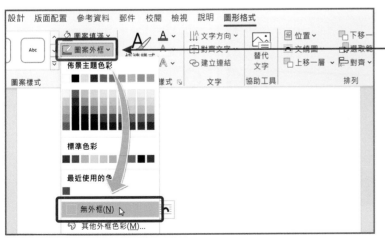

❺

接著按【圖案外框】，點選【無外框】

完成後，在空白處點一下，取消選取

網路幫幫忙 - 下載網路圖片

接下來，讓我們到【維基百科】找臺灣斷層分布的圖片，另存下來當作封面主視覺吧！

❶用瀏覽器開啟維基百科網站，輸入關鍵字臺灣斷層，按 🔍 搜尋。

❷找到關於臺灣斷層的資料啦！

◎ 下載網路圖片

❶拖曳捲軸，找到並在圖示圖片上點一下

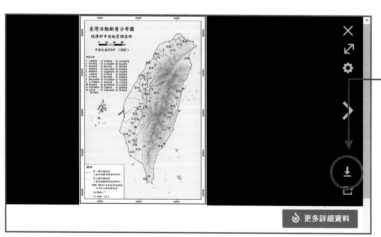

❷然後按 ⬇ (下載此檔案)

❸ 按【下載原始檔案】，就可將圖片儲存到電腦囉！

(預設儲存位置，本機/下載)

🎯 套用圖片樣式

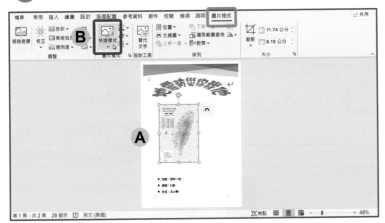

❶ 運用到報告中

Ⓐ 切換回 Word，將下載的圖片插入、調整大小與位置如圖示

Ⓑ 在【圖片格式】標籤下，按 [快速樣式]

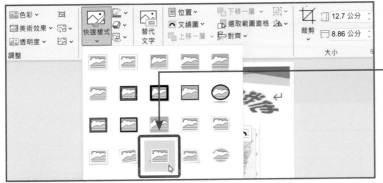

❷ 點選圖示樣式

 **老師說**

除了下載圖片到電腦，還可以用【螢幕擷取畫面】的功能，直接擷取網頁畫面喔！(方法請參考 學習影片。)

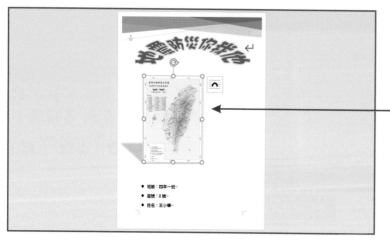

3

若有需要，可以再調整圖片大小與位置如圖示

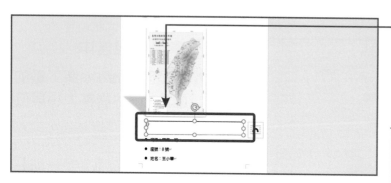

4 標註作者資訊

接著在圖片下，拖曳製作出如圖示大小的文字方塊

📖 小 提 示

透明的文字方塊設定，第119頁有教喔！

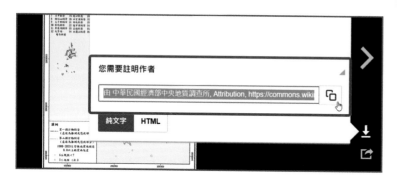

5

切換回網頁，點選【您需要註明作者】，按 🗗 複製文字

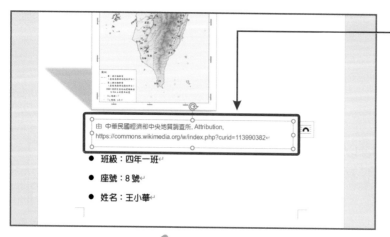

6

到文件上，按 Ctrl + V 貼上，並設定文字格式

字型：華康中圓體 / Arial

大小：12

色彩：▨

4 用繪圖工具畫出搖晃感

從 Word 2021 開始，有新增一個【繪圖】功能喔！讓我們用它來塗鴉畫幾條曲線，表現地震時的搖晃感，主視覺就更顯生動囉！

◎ 加入自備插圖

1 按照老師指示，插入圖示插圖，並調整大小與位置

然後在空白處點一下，取消選取

2 按【檢視】標籤，顯示比例點選 [100]

3 拖曳捲軸，捲動頁面顯示插圖如圖示

如果視窗上看不到【繪圖】標籤，可以用以下方法將它開啟喔：

按【檔案】→【選項】，點選【自
訂功能區】→勾選【繪圖】，再按
【確定】，這樣就會在標籤列上出
現【繪圖】標籤囉！

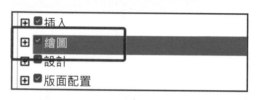

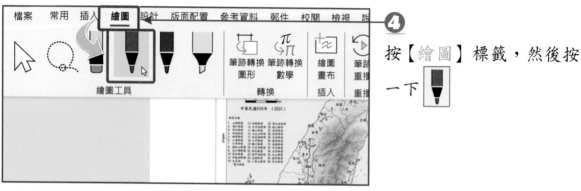

④ 按【繪圖】標籤，然後按
一下

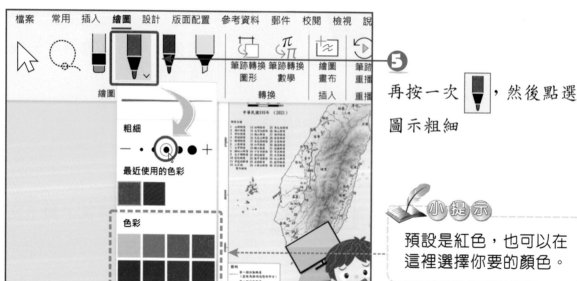

⑤ 再按一次，然後點選
圖示粗細

小提示
預設是紅色，也可以在
這裡選擇你要的顏色。

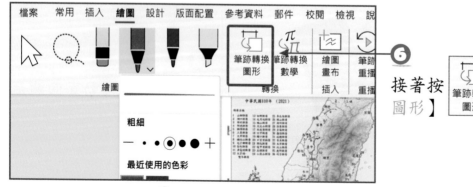

⑥ 接著按 【筆跡轉換
圖形】

就可以到頁面上,按住左鍵,塗鴉畫出扭曲的線條,來表現晃動感囉!

插入背景圖與安排上下順序

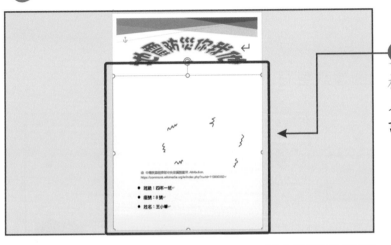

1

檢視設為【單頁】後,插入老師指定的背景圖,並調整大小與位置如圖示

2

在圖片上按右鍵,點選【移到最下層】

然後在空白處點一下,取消選取,完成背景的配置

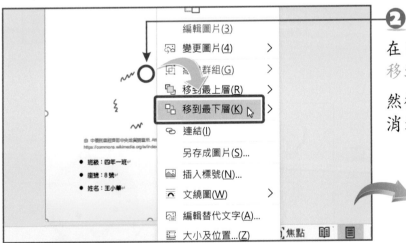

5 加入網頁超連結

使用網站上的資料一定要尊重著作權、註明出處並取得同意！另外如果能在資料來源上再加入【網頁超連結】，那就更好了！

資料來源：維基百科-臺灣斷層 ➡️ 資料來源：維基百科-臺灣斷層

 認識網頁超連結

在資料上(文字或圖片)設定超連結，就能夠直接點按開啟網頁！

文字超連結

文字如果設了超連結，它的樣式會有2種變化：

1. 變顏色
2. 文字下加底線

資料來源：維基百科-臺灣斷層

圖片超連結

圖片如果設了超連結，按住 Ctrl 鍵，游標移到圖片上，會出現手指符號

就讓我們來做練習吧！

設定文字超連結

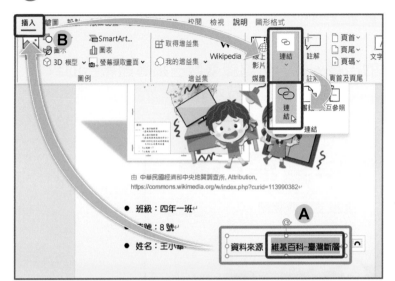

1

Ⓐ 建立文字方塊，並輸入圖示文字，拖曳選取【維基百科 - 臺灣斷層】

Ⓑ 按【插入】標籤，按 🔗連結 再點選【連結】

小 提 示

文字內容，可從老師提供的文字檔，複製、貼上。

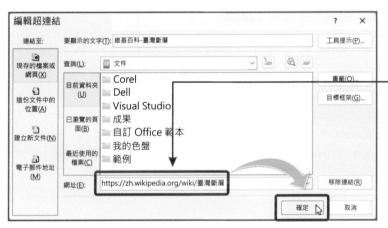

2

開啟本課文字檔，複製後，貼在【網址】處，再按【確定】

3

到設定超連結的文字上，按住 Ctrl 鍵，然後按一下左鍵，就可以開啟設定的網頁囉！

(本課專題報告的封面完成了，記得要存檔喔！)

我是高手　認識臺灣古蹟

同學們，試著以住家附近的古蹟，做一份認識臺灣古蹟專題報告的封面。這裡以【維基百科 - 北投溫泉博物館】做示範。

認識古蹟！
保護古蹟！

示範參考

除了古蹟，
你也可選一個知名景點，
到維基百科找資料，
做景點介紹的報告喔！

懂更多 **擷取網頁文字**

學會下載網頁圖片，再來學習如何【擷取網頁文字】吧！
(以擷取【北極熊】文字資料為例)

1 到維基百科找到介紹【北極熊】的頁面。

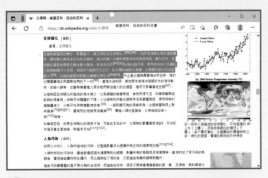

2 拖曳要擷取的文字，按快速鍵 Ctrl + C (或在選取區域按右鍵，點選複製)。

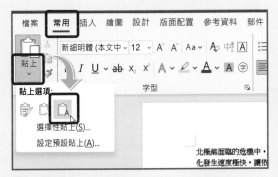

3 切換回 Word，【常用】標籤下，按【貼上】，選 A【只保留文字】。

4 再設定文字格式，就完成囉！

A 北極熊面臨的危機中，影響最大、最立即的是全球暖化。[89][90]。由於全球暖化發生速度極快，讓依賴北極海冰生存的北極熊，無法因應。北極熊需要海冰來捕食海豹、賴以生存，全球暖化嚴重地導致北極冰層大量地，快速地消失[91][92]在過去25年來，夏季的海冰已多融化了超過50萬平方英里，相當於130萬平方公尺，近台灣的40倍大面積，比整個內蒙古自治區還大[93]，全面性威脅到整個北極圈生物生存[94][95]。

保留來源格式設定
保留原來網站的文字格式，包含文字、大小和超連結....等。

B 北極熊面臨的危機中，影響最大、最立即的是全球暖化。[89][90]。由於全球暖化發生速度極快，讓依賴北極海冰生存的北極熊，無法因應。北極熊需要海冰來捕食海豹、賴以生存，全球暖化嚴重地導致北極冰層大量地、快速地消失[91][92]在過去25年來，夏季的海冰已多融化了超過50萬平方英里，相當於130萬平方公尺，近台灣的40倍大面積、比整個內蒙古自治區還大[93]，全面性威脅到整個北極圈生物生存[94][95]。

合併格式設定
它可以綜合網頁的排版格式以及 Word 文件的格式，也會保留超連結等設定。

C 北極熊面臨的危機中，影響最大、最立即的是全球暖化。[89][90]。由於全球暖化發生速度極快，讓依賴北極海冰生存的北極熊，無法因應。北極熊需要海冰來捕食海豹、賴以生存，全球暖化嚴重地導致北極冰層大量地，快速地消失[91][92]在過去25年來，夏季的海冰已多融化了超過50萬平方英里，相當於130萬平方公尺，近台灣的40倍大面積、比整個內蒙古自治區還大 [93]，全面性威脅到整個北極圈生物生存[94][95]。

只保留文字 (純文字)
如果完全不想要保留網頁文字的格式，可以用「只保留文字」的方式貼上

 練功囉

( ) **1** 網路上的文字、圖片、音樂等都可以隨便使用嗎？

　　1. 可以　　　　　　2. 不可以　　　　　3. 不知道

( ) **2** 下面哪個符號代表使用時要註明作者姓名？

　　1. 　　　　　　2. ⊜　　　　　3. 🛈

( ) **3** 想加入文字方塊，要按哪個按鈕？

　　1. A　　　　　　2. 目　　　　　3. A

( ) **4** 想在文字或圖片上加入網頁連結，要按 ？

　　1. 🔗　　　　　　2. 🔖　　　　　3. ⎘

進階練習圖庫　　　　景點照片

有興趣的話，可使用本課【進階練習圖庫】中的【景點照片】為主題，做出報導該景點的報告吧！(本課先做封面)

新北瑞芳猴硐

臺北大湖公園

桃園市小人國

新北十三行博物館

臺北市立動物園

基隆正濱漁港

7 地震防災你我他－內頁設計

－內頁格式與電子書

統整課程

國語　自然科學　閱讀素養教育　環境教育

◎ 讓學生能熟悉文書處理軟體指常用功能，並編輯出整合文字、表格、圖片等多元資料之文稿

◎ 讓學生有使用個人電腦或行動載具進行數位閱讀之體驗

◎ 認識電子書與 PDF

◎ 學會設定共用的標題樣式

◎ 學會設定共用的內文樣式

◎ 學會如何自動產生目錄

◎ 學會插入頁碼

◎ 學會匯出 PDF

專題報告與電子書

上一課製作了報告的封面，本課要來製作報告的內頁！內頁包含目錄、標題/內文樣式、頁碼...等，Word 都能快速建立！完成的報告還可以製作成電子書，分享給同學喔！

封面

目錄

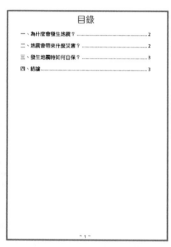

標題

內文

頁碼

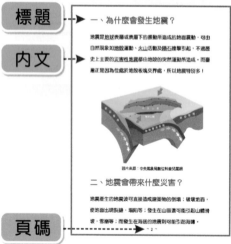

老師說

報告是一份2頁以上的文件，通常包含：

A 封面：有標題、插圖和作者等，沒有頁碼。

B 目錄：主標題或章節等。

C 內文：包括前言(動機、目的...等)，主文(資料蒐集、彙整說明)，結論(心得或建議)等。

電子書與PDF

【電子書】就是將各種資料數位化，讓我們可以透過不同的裝置，
例如：電腦、手機、平板電腦....等來閱讀。

【PDF】檔，是一種常見的電子書檔案格式，因軟體相容性高，便
於開啓、傳輸，而被廣為運用喔！

可跨平台瀏覽

用電腦就可以
看書喔！

也可以下載到
手機來閱讀。

方便傳輸分享

隨身碟　　E-mail

雲端硬碟

製作報告內容

為了方便練習，先複製練習小檔案的內容，貼上至前一課的成果中，再陸續設定樣式、目錄、頁碼，來完成這份報告吧！

◎ 複製與貼上

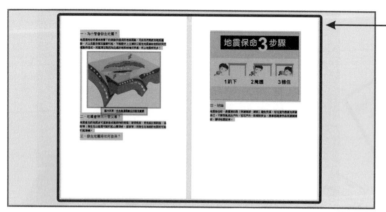

❶
開啟本課練習小檔案，並按 Ctrl + A 鍵全選，再按 Ctrl + C 鍵複製

小提示

檢視選多頁，就可以看到全部內容，第1課第15頁有教喔！

❷
開啟上一課的成果，並在第2頁點一下

❸
按 Ctrl + V 鍵，貼上練習小檔案的內容，如圖示

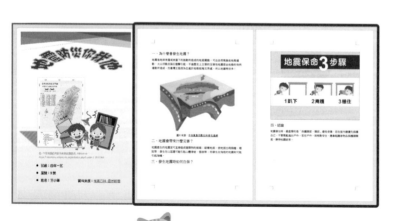

用分頁符號新增新頁面

【分頁符號】是標記一頁的結束和下一頁開始的位置,藉此建立新的頁面,不用一直按 Enter 鍵向下擴充頁面,來看看怎麼做吧!

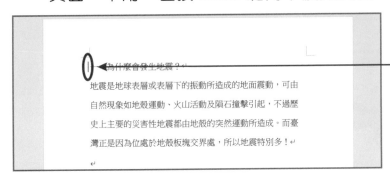

1 到第二頁頁首【一】字前點一下,準備在此頁前面新增要做目錄的空白頁

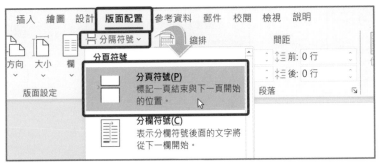

2 按【版面配置】標籤,點【分隔符號】,選【分頁符號】

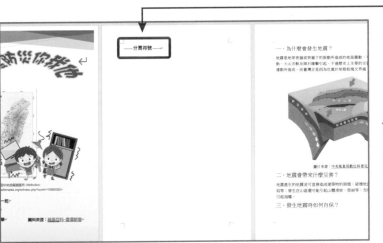

3 分頁符號順利建立在新的空白頁面上囉!

小提示

如果沒看到分頁符號,就到【常用】標籤下,按一下 顯示 / 隱藏編輯標記,就會顯示出來囉!

老師說

更多地震防災知識,可到內政部消防署消防防災館去看喔!
(https://www.tfdp.com.tw)

🎯 套用標題樣式

報告裡要區分標題和內文，才會讓內容更加清楚。Word 有提供【樣式】的設定，可讓我們快速建立一致化的格式。

 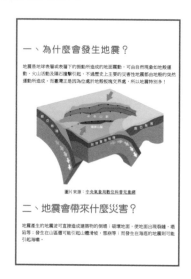

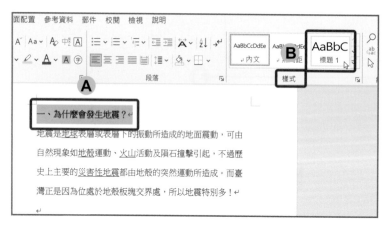

❶

A 拖曳選取標題【一、為什麼會發生地震？】

B 到【常用】標籤下，在【樣式】項目，按一下【標題 1】

❷

重複步驟，陸續完成二～四標題設定

🎯 修改標題樣式

標題樣式套用後，若想改變字型、大小或顏色...等，該怎麼做呢？
很簡單，用【修改】就能輕鬆搞定！

❶

到樣式的【標題1】上，
按右鍵，選 🖊【修改】

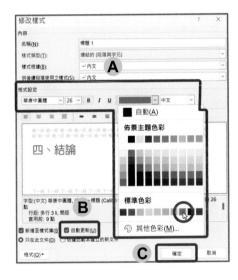

❷

Ⓐ 【格式設定】如下：
華康中圓體、字級26
、粗體、色彩■

Ⓑ 勾選【自動更新】

Ⓒ 按【確定】

📖 **小提示**

勾選【自動更新】，日後
不必到修改，直接設定文
字格式，就能更改原先的
標題樣式。

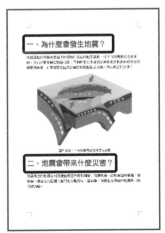

❸

所有標題自動套用修改後
的樣式，非常快速吧！

🎯 修改內文樣式

標題設定完成，再來設定【內文】，讓所有內文都套用相同樣式吧！

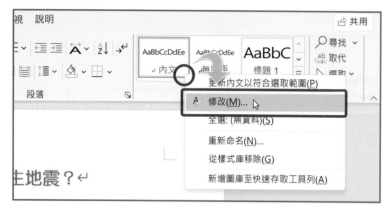

❶

在任一內文中點一下，再到樣式的【內文】上，按滑鼠右鍵，選 🖊【修改】

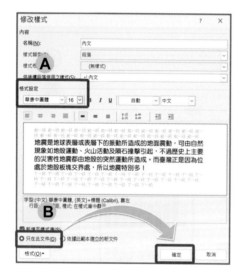

❷

Ⓐ 在【格式設定】裡，
字型：華康中圓體
字級：16

Ⓑ 點選【只在此文件】，並按【確定】

小 提 示

勾選【只在此文件】，只會套用在這份文件裡。

❸

所有內文就會自動套用修改後的樣式喔！

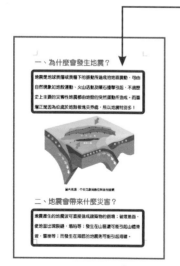

小 提 示

設定的內文樣式，若造成第三點標題不在頁首最上方，可試著調整內文樣式上的字級大小，讓它回到最上方喔！

用標題建立目錄

想要製作目錄頁，不必一一打字，用設定好的【標題】，就可以自動建立目錄喔！

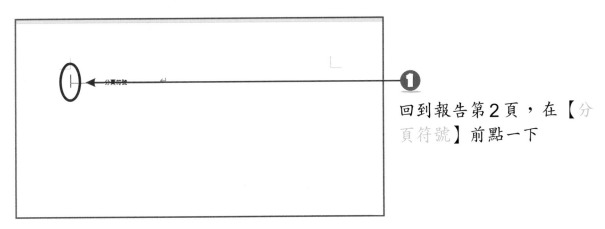

①

回到報告第2頁，在【分頁符號】前點一下

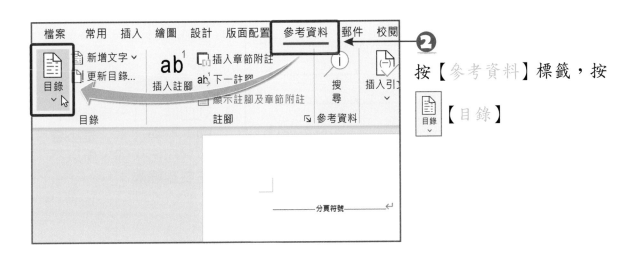

②

按【參考資料】標籤，按

【目錄】

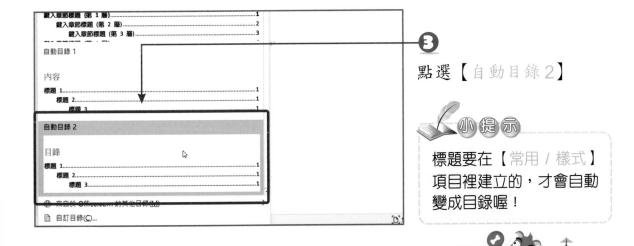

③

點選【自動目錄2】

小 提 示

標題要在【常用 / 樣式】項目裡建立的，才會自動變成目錄喔！

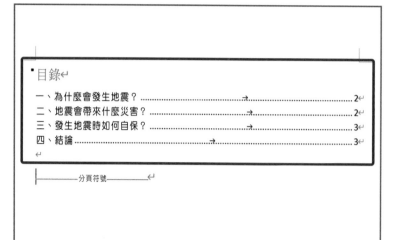

❹ 目錄一下就建立好了，又快又方便吧！

❺ 接著將文字設定成你想要的格式吧！

小提示

列印時，【分頁符號】的文字與虛線，是不會被列印出來的，所以不需要刪除喔！

老師說

如果有修改標題文字，也有方法讓目錄一起快速更新喔！

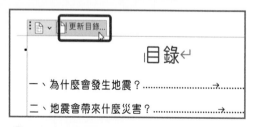

A 點選目錄上方的【更新目錄】。

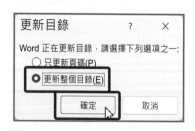

B 點選【更新整個目錄】，按【確定】就完成囉！

插入頁碼

最後，我們再加入【頁碼】，讓報告內頁顯得更專業吧！

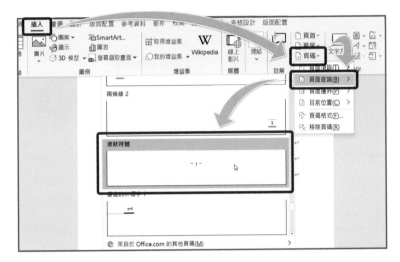

❶

按【插入】標籤，點 [#] 【頁碼 / 頁面底端】，選 【波狀符號】

(或你喜歡的樣式)

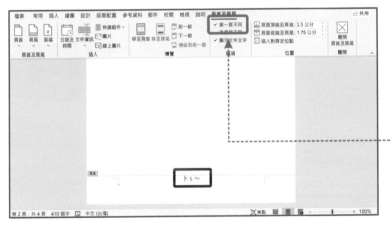

❷

頁碼自動建立在頁尾囉！

小提示

【第一頁不同】會自動勾選，使封面不出現頁碼。

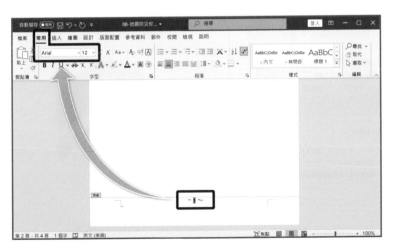

❸

拖曳選取【1】，更改字型、大小如圖示

閱　檢視　說明　**頁首及頁尾**　　　　　　　　　　　　　　　　　　　　　　　⬏ 共用

☐ 前一節　　　　　☑ 第一頁不同　　　　▣ 頁面頂端至頁首：1.5 公分
☐ 下一節　　　　　☐ 奇偶頁不同　　　　▣ 頁面底端至頁尾：1.75 公分
⬚ 連結到前一節　　☑ 顯示文件文字　　　▣ 插入對齊定位點　　　　　　　❌
　　　　　　　　　　　　　　　　　　　　　　　　　　　　　　　關閉
　　覽　　　　　　　　　　選項　　　　　　　　位置　　　　　　頁首及頁尾
　　　　　　　　　　　　　　　　　　　　　　　　　　　　　　　　關閉

❹

按【頁首及頁尾】標籤，
再按【關閉頁首及頁尾】

小提示

如果想再編輯或修改，在
頁首或頁尾點 2 下，就可
進行編修囉！

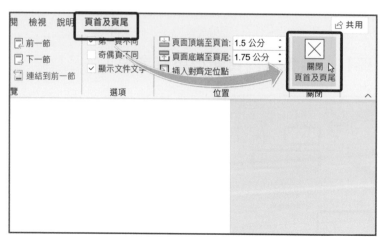

❺

練習至此，這份報告就完
成囉！記得要另存新檔，
將成果儲存起來喔！

~ 1 ~

一、為什麼會發生地震？

地震是地球表層或表層下的振動所造成的地面震動，可由
自然現象如板塊運動、火山活動及隕石撞擊引起，不過歷
史上主要的災害性地震都由地殼的突然運動所造成。而臺
灣正是因為位處於地殼板塊交界處，所以地震特別多！

圖片來源：中央氣象局數位科普網

二、地震會帶來什麼災害？

地震產生的地震波可直接造成建築物的倒塌；破壞地面，
使地面出現裂縫，偏陷等；發生在山區還可能引起山體滑
坡，雪崩等；而發生在海底的地震則可能引起海嘯。

~ 2 ~

三、發生地震時如何自保？

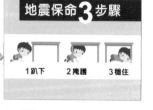

四、結論

地震發生時，最重要的是「保護頭部、頸部」避免受傷，
若在室內應優先保護自己，不要慌亂逃出戶外，若在戶
外，則相對安全，應拿起隨身物品保護頭頸部，靜待地震
結束。

~ 3 ~

報告還可以匯出成
PDF 檔案變成電子書，
下一節會示範喔！

3 認識電子書與匯出成 PDF 檔

想閱讀書籍，現在還有一個新選擇，那就是使用【電子書】！而可以拿來閱讀電子書的平台，常見的有：

桌上型電腦(或筆記型電腦)

平板電腦

智慧型手機

◎ 電子書上有什麼

將文件匯出成 PDF 檔，再透過製作軟體，將它轉製成電子書，若再加上各種多媒體素材，就會變成動態、聲光十足的魔法書喔！

文字　圖片　音效　動畫　音樂　影片

操作上一頁、下一頁、跳頁與模擬手動翻頁，都是電子書必備的功能喔！

文件不分頁數，都可以一起匯出成【PDF】檔，超方便！

 老師說

【PDF】檔的特性
- 檔案小、便於攜帶傳輸　● 無紙化閱讀、超環保
- 網路傳遞容易、有免費的閱讀器便於使用
- 完整保留 Word 文字格式、圖片與版面

匯出成 PDF

將文件匯出成 PDF 檔，可以在大多數的電腦與載具上閱讀，而且檔案小、便於分享與傳輸喔！

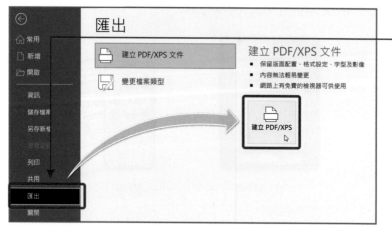

❶

開啟這一課的成果，按【檔案】標籤，再按【匯出／建立 PDF／XPS】

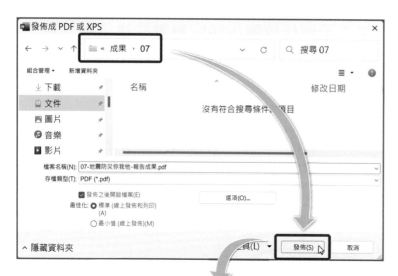

❷

選擇儲存路徑，再按【發佈】，就會開始轉存為 PDF 檔囉！

在 Windows 11 作業系統下，轉存完畢後，會自動以【Edge】瀏覽器開啟這份 PDF 檔

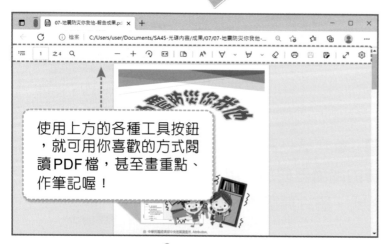

使用上方的各種工具按鈕，就可用你喜歡的方式閱讀 PDF 檔，甚至畫重點、作筆記喔！

可以開啟 PDF 檔來閱讀的免費軟體很多，大多能經由網路搜尋下載；其中以【Adobe Reader】最為穩定，普遍被使用。下載網址：

https://get.adobe.com/tw/reader/

如何下載、安裝與使用，可以參考學習影片。

我 是 高 手 完成認識臺灣古蹟報告

延續上一課的【我是高手】(或開啓本單元練習小檔案),試著編排內頁、製作目錄,來完成這份報告吧!

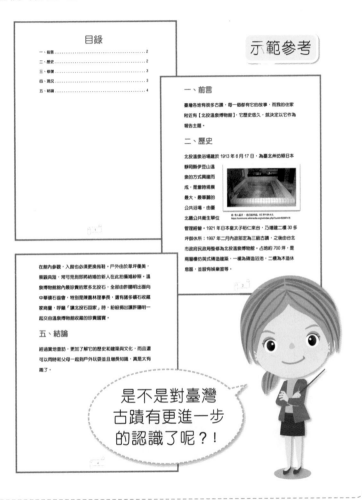

目錄

示範參考

是不是對臺灣古蹟有更進一步的認識了呢?!

懂 更 多 插入線上視訊

在專題報告加入影片,可以讓內容顯得更加豐富喔!方法請參考學習影片!
(引用網路上的影片,要尊重著作權喔!)

練功囉

( ) ① 想建立【分頁符號】要按？

　　1. ⊟　　　　　　　　2. ¹⁻²⁻　　　　　　　3. ᵃbc⁻

( ) ② 想建立一致性的標題和內文，是在【常用】標籤下的哪個項目裡？

　　1. 字型　　　　　　　2. 段落　　　　　　　3. 樣式

( ) ③ 想建立【目錄】，要在哪一個標籤下進行？

　　1. 常用　　　　　　　2. 參考資料　　　　　3. 插入

( ) ④ 下面哪一個是電子書的好處？

　　1. 便於攜帶傳輸　　　2. 環保無紙化　　　　3. 以上皆是

進階練習圖庫　　　景點照片

延續上一課，可以使用本課【進階練習圖庫】中的照片，完成報告的內頁喔！

新北瑞芳猴硐

臺北大湖公園

桃園市小人國

新北十三行博物館

臺北市立動物園

基隆正濱漁港

8 雲端硬碟與Google文件

-雲端硬碟與文件的應用

統整課程

綜合　品德教育

核心概念

◎ 能操作網際網路雲端運算平臺

◎ 數位資訊於雲端上之運用、管理與分享方式

◎ 具備利用科技與他人互動及合作之能力與態度

課程重點

◎ 認識 Google 雲端硬碟

◎ 學會雲端硬碟的上傳與下載

◎ 學會用 Google 文件做編輯

◎ 知道分享與共用雲端硬碟上的資料

什麼是 Google 雲端硬碟

使用【Google 雲端硬碟】可以上傳 (儲存)、下載你的檔案，還能隨時隨地線上編輯文件喔！更棒的是還能分享檔案給朋友！這一課就讓我們用雲端硬碟，來完成一份有趣的藏頭詩吧！

(所有裝置，即時同步資料。)

 老師說

【Google 雲端硬碟】整合了眾多的其他雲端服務 (例如：Google 文件、簡報、試算表、地圖、協作平台...)，只要一組帳號，就可使用所有雲端服務喔！

2 Google 雲端硬碟的使用

首先讓我們以 Google 帳號登入【Google 雲端硬碟】，上傳練習小檔案與資料夾，並練習一下如何在雲端硬碟做收納吧！

◎ 登入與上傳檔案

❶

在Google首頁 (https://www.google.com.tw)，按 ⦙⦙⦙，按 ▲【雲端硬碟】

接著，使用 Google 帳號登入

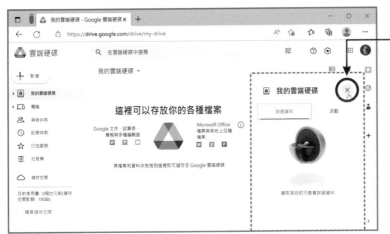

❷

登入成功，就會開啟雲端硬碟頁面

若出現圖示小面板或導覽面板，就按 ⓧ 將它關閉

老師說

在學校，老師應該都已經幫同學申請好 Google 帳號了。若在家裡，想自行申請帳號的話，可以參考學習影片喔！

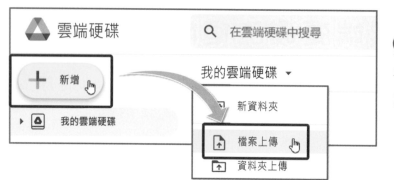

❸
到左上方，按 ⊕ 新增 ，
點選【檔案上傳】

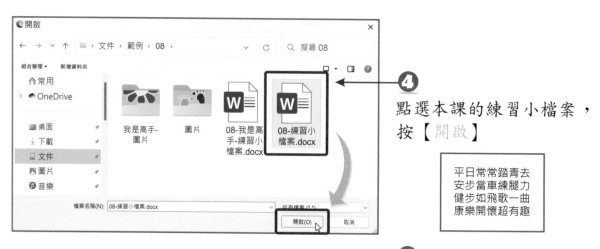

❹
點選本課的練習小檔案，
按【開啟】

平日常常踏青去
安步當車練腿力
健步如飛歌一曲
康樂開懷超有趣

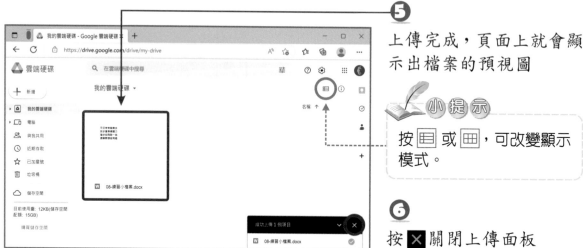

❺
上傳完成，頁面上就會顯
示出檔案的預視圖

小提示

按 ▦ 或 ▤ ，可改變顯示
模式。

❻
按 ✕ 關閉上傳面板

老師說

這份練習小檔案是一首藏頭詩。讓我們為它建立一個專用資料夾，
再上傳插圖到資料夾中，然後到下一節來練習使用 Google 文件，
編輯美化、讓它變得更活潑、有趣吧！

🎯 新增資料夾與收納檔案

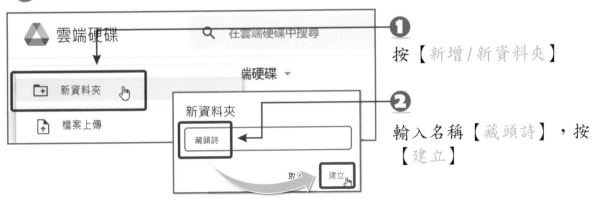

1

按【新增 / 新資料夾】

2

輸入名稱【藏頭詩】，按
【建立】

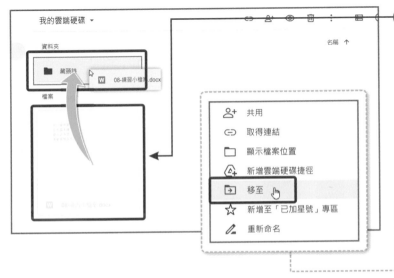

3

按住檔案不放，直接拖曳
到【藏頭詩】資料夾上，
放開左鍵，檔案就搬移進
去囉！

點兩下資料夾，就可以看
到放進去的檔案

> 在檔案上按右鍵，點選
> 【移至】，再指定目標
> 資料夾，按【移動】，
> 也可以搬移檔案到指定
> 的資料夾中。

🎯 拖曳上傳資料夾(檔案)

1

開啟本課範例資料夾，按
住【圖片】資料夾不放、
拖曳到雲端硬碟頁面上，
即可上傳整個資料夾到【
藏頭詩】資料夾中囉！

想讓同學不用登入，就可以下載你的檔案，可以這麼做：

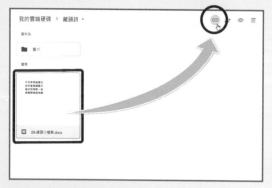

❶ 點選檔案，按 🔗【取得連結】。

❷ 在一般存取權項目，按【限制】。

❸ 點選【知道連結的任何人】。

❹ 存取權變成【知道連結的任何人】

❺ 按【複製連結】後，再按【完成】

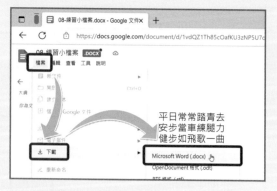

❻ 同學們只要輸入連結網址，就可以不需登入，開啟 Google 文件下載檔案。

③ 在雲端硬碟中使用 Google 文件

【Google 文件】就像是簡易版的 Word。可以直接從雲端硬碟啟動它來做編輯！編輯完成後，還可以下載回電腦保存喔！

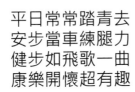

◎ 用【Google 文件】開啟文件

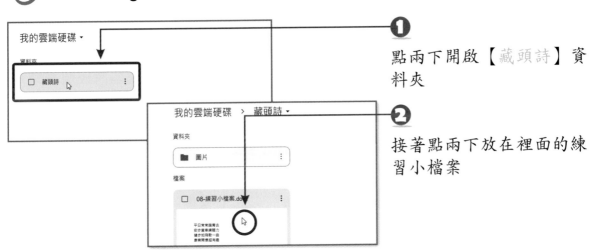

❶ 點兩下開啟【藏頭詩】資料夾

❷ 接著點兩下放在裡面的練習小檔案

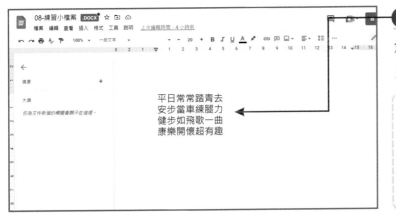

❸ 就會自動以 Google 文件開啟 Word 文件囉！

第一次開啟檔案，會有 Office 檔案導覽畫面，按 ☒ 關閉。

重新命名

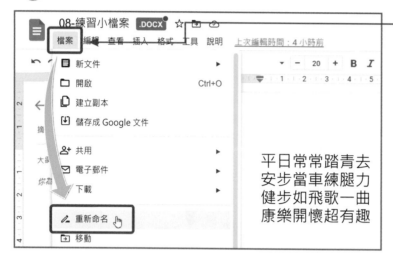

1

按【檔案】，點選【重新命名】

在雲端硬碟的首頁，按【新增】，也可新增空白的 Google 文件喔！

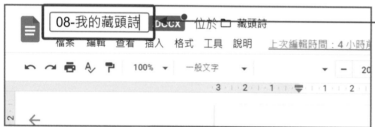

2

輸入新檔名，或是老師指定的名稱，按 Enter 確定

若不想覆蓋原先檔案時，則按【檔案 / 儲存成 Google 文件】，另儲存成新檔。

設定文字格式

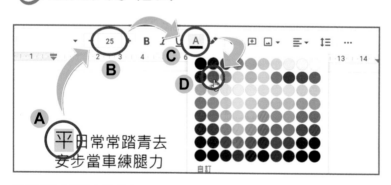

1

拖曳選取文字【平】，設定文字大小與顏色

2

接著陸續完成設定其他行的首字格式

在 Google 文件編輯的內容都會立刻自動存檔。

插入雲端硬碟中的圖片

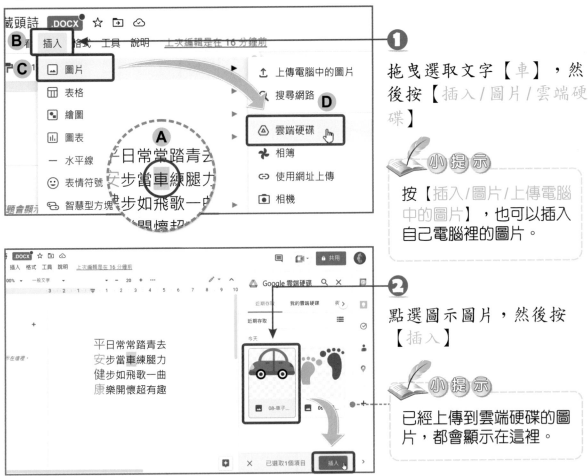

拖曳選取文字【車】，然後按【插入 / 圖片 / 雲端硬碟】

小提示

按【插入 / 圖片 / 上傳電腦中的圖片】，也可以插入自己電腦裡的圖片。

點選圖示圖片，然後按【插入】

小提示

已經上傳到雲端硬碟的圖片，都會顯示在這裡。

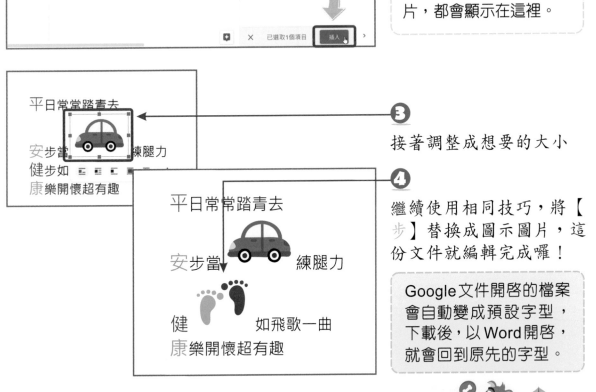

接著調整成想要的大小

繼續使用相同技巧，將【步】替換成圖示圖片，這份文件就編輯完成囉！

Google文件開啟的檔案會自動變成預設字型，下載後，以 Word 開啟，就會回到原先的字型。

🎯 下載檔案

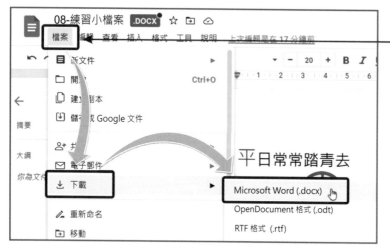

① 按【檔案／下載／Microsoft Word (.docx)】，即可下載檔案

✍ 小提示

檔案會下載到預設的儲存位置，例如電腦的【下載】資料夾。

② 使用 Word，就可開啟下載回來的文件，超方便！

✍ 小提示

用 Word 開啟下載的文件，要按【啟用編輯】才會回到正常畫面。

老師說

在雲端硬碟中，你可以在檔案上按右鍵，點選【下載】，來下載檔案喔！

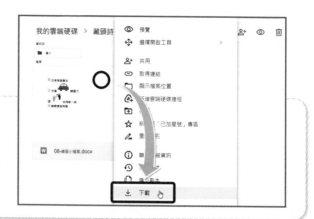

平日常常踏青去

安 步當 練腿力

健 如飛歌一曲

康 樂開懷超有趣

3

有需要的話，可以繼續在 Word 中編修一下文件 (例如調整字級、縮放圖片、增加行距 ... 等等)

最後記得另存新檔，將成果儲存到老師指定的資料夾喔！

 我 是 高 手　　**再做一首藏頭詩**

將本單元【08-我是高手-練習小檔案.docx】與【我是高手-圖片】資料夾 (或你自己準備的圖片) 上傳到 Google 雲端硬碟，試著用 Google 文件再編輯出一首活潑、有趣的藏頭詩吧！(自己創作藏頭詩，更加分喔！)

我是一個花仙子
是雨是晴都美麗
高高飛起好心情
手捧祝福送給你

我是一個　　仙子

是雨是　　都美麗

高高　　起好心情

手捧祝福送給你

示範參考

懂更多 設定共用資料夾 (檔案)

除了將檔案分享給同學下載外，還能將整個資料夾設為與同學共用喔！來看看怎麼做：

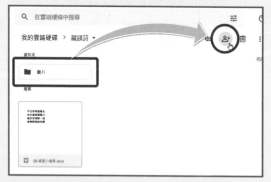

1 點選資料夾或檔案，然後按 👤⁺ 共用 (未設定共用的圖示 📁)。

2 輸入對方的信箱地址，然後按一下 Enter。

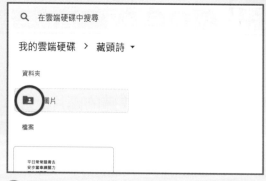

3 按【編輯者】，更改為【檢視者】再按【傳送】。

4 設定共用資料夾的圖示變成 👥。

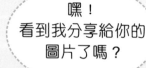

嘿！看到我分享給你的圖片了嗎？

我看到囉！謝謝分享！

檢視共用的資料夾 (檔案)：

❶ 受邀請者收到通知信後，按信件主旨開啟信件
❷ 按信件中的【開啟】
❸ 就會自動開啟自己的雲端硬碟，顯示共用的資料夾內容

練功囉

( ) ① 用 Google 雲端硬碟可以做什麼？

　　1. 打電動　　　　2. 自動轉帳　　　3. 備份檔案

( ) ② 用什麼可以登入使用 Google 雲端硬碟？

　　1. Google 帳號　　2. Yahoo 帳號　　3. Microsoft 帳號

( ) ③ 在雲端硬碟中，用哪個方法可以將檔案收納入資料夾？

　　1. 拖曳　　2. 按右鍵，點選【移至】　3. 以上皆可

( ) ④ 下載後的 Google 文件，用 Word 開啓時，要按什麼，
　　才會回到正常畫面？

　　1. 校閱　　　　　2. 啓用編輯　　　　3. 檢視

練習至此，你已學會各式各樣的文書編輯囉！發揮巧思、善用工具，
編輯文書其實既簡單又有趣！期待大家都變成文書達人喔！

Word 2021 文書超簡單

圖書編號：SA45
ISBN：978-626-95017-4-8

作　　者：小石頭編輯群・夏天工作室
發 行 人：吳如璧
出 版 者：小石頭文化有限公司
　　　　　Stone Culture Company
地　　址：臺北市內湖區康寧路三段22-1號2樓
電　　話：(02) 2630-6172
傳　　真：(02) 2634-0166
E - mail：stone.book@msa.hinet.net
郵政帳戶：小石頭文化有限公司
帳　　號：19708977

致力於環保，本書原料和生產，均採對環境友好的方式：
・日本進口無氯製程的生態紙張
・Soy Ink 黃豆生質油墨
・環保無毒的水性上光

SAVE the WORLD
PRINTED WITH SOY INK
ECO-PULP エコパルプ

國家圖書館出版品預行編目(CIP)資料

Word 2021 文書超簡單 /

小石頭編輯群・夏天工作室 編著
-- 臺北市：小石頭文化，2023 .04
面；　公分

ISBN 978-626-95017-4-8 (平裝)

1. CST: 電腦教育　　2. CST: 中小學教育
3. CST: Word 2021 (電腦程式)

523.38　　　　　　　　112004097

定價 320 元 • 2023 年 04 月　初版

書局總經銷：
聯合發行股份有限公司
電話: (02) 2917-8022

學校發行：
校園文化事業有限公司
電話: (02) 2659-8855

零售郵購：
服務專線: (02) 2630-6172